Mit dem Roman »
im Jahr 2000 er:
Christoph Hein
Ab 2002 hat der Au
Werken dem Suhrkamp Verlag anvertraut.

Erste Auflage dieser Ausgabe 2002
© 1994
Alle Rechte dieser Ausgabe
Suhrkamp Verlag Frankfurt am Main
Alle Rechte vorbehalten,
insbesondere das der Übersetzung, des
öffentlichen Vortrags sowie der Übertragung durch
Rundfunk und Fernsehen, auch einzelner Teile.
Kein Teil des Werkes darf in irgendeiner Form
(durch Fotografie, Mikrofilm oder andere Verfahren)
ohne schriftliche Genehmigung des Verlages
reproduziert oder unter Verwendung elektronischer Systeme
verarbeitet, vervielfältigt oder verbreitet werden.
Druck: Nomos Verlagsgesellschaft, Baden-Baden
Printed in Germany
ISBN 3-518-41388-0

Christoph Hein

Exekution eines Kalbes

Christoph Hein

Exekution eines Kalbes

und andere Erzählungen

Aufbau-Verlag

Inhalt

Exekution eines Kalbes 7

Ein sächsischer Tartüff 73

Der eine hauet Silber, der andere rotes Gold 80

Der Name 84

Der Krüppel 86

Zur Frage der Gesetze 92

Jelängerjelieber Vergißnichtmein 96

Unverhofftes Wiedersehen 101

Die Krücke 109

Moses Tod 120

Matzeln 124

Die Vergewaltigung 131

Ein Exil 139

Eine Frage der Macht 142

Auf den Brücken friert es zuerst 145

Ein älterer Herr, federleicht 181

Exekution eines Kalbes

Das Auto stand seit dem frühen Morgen am Bahnhof. Kurz vor Sonnenaufgang waren die Männer angekommen. Sie fuhren über den Bahnhofsvorplatz, an den Haltestellen der Busse vorbei. Neben dem Güterschuppen, einem langgestreckten Bau aus gelben Klinkern, hatten sie den Wagen geparkt. Die Scheinwerfer beleuchteten eine fensterlose, verputzte Wand, die nur von einer grauen Eisentür unterbrochen wurde. Die Männer blieben im Wagen sitzen und warteten. Sie waren zu viert.

Nach einigen Minuten wurde eine der Autotüren geöffnet, und ein rothaariger Mann stieg aus. Er rekelte sich, dann knöpfte er seine Uniformjacke zu und setzte die Mütze auf. Bevor er losging, warf er einen Blick auf den Fahrer und die zwei Männer, die hinten saßen. Er sagte nichts. Er ging zu der Eisentür, klingelte und wurde eingelassen. Als er zurückkam wirkte er müde.

Verspätung. Wir sind eine ganze Stunde zu früh, sagte er, wir müssen warten.

Er hielt eine Zigarettenschachtel in der Hand, riß das Papier ab und klopfte leicht gegen die Frontscheibe. Als er die Zigarette angezündet hatte, kurbelte er das Fenster runter. Dann reichte er die Schachtel über seine Schulter nach hinten. Der jüngere Mann nahm sich eine Zigarette und ließ sich Feuer geben.

Seine kräftigen roten Hände zitterten. Er bedankte sich und strich sich verlegen über sein widerspenstiges Haar.

Und Sie? fragte der Rothaarige. Er hielt noch immer die Schachtel über seine Schulter.

Der Angesprochene, ein etwa fünfzigjähriger magerer Mann mit weit nach vorn gezogenen Schultern, antwortete nicht. Gleichgültig wandte er den Blick ab und sah aus dem Fenster.

Es war schnell hell geworden. An der Bushaltestelle versammelten sich einige Leute. Sie starrten interessiert zum Auto hinüber.

Ich möchte aussteigen, sagte der jüngere Mann, ich will mir die Füße vertreten.

Gedulden Sie sich, Sawetzki, sagte der Rothaarige. Sie haben es bald überstanden.

Wir haben es bald überstanden, sagte der Fahrer und lachte leise. Er schaltete die Scheinwerfer aus.

Als Sawetzki zu seinem Nachbarn blickte, sah der ihn flüchtig und mit herabgezogenen Mundwinkeln an. Sawetzki hatte das Gefühl, daß der Mund des Älteren voller Speichel war und er ausspeien wollte.

Nachdem sie bereits eine Stunde im Auto gewartet hatten, stieg der Uniformierte nochmals aus. Als er zurückkam, trug er vier Pappbecher mit Kaffee zwischen den Fingern der linken Hand. Zwei der Becher gab er nach hinten. Sawetzki nahm sie und bedankte sich, dann saß er mit beiden Pappbechern da, denn der ältere hagere Mann machte keine Anstalten, einen abzunehmen. Als Sawetzki ihn aufforderte, seinen Kaffee zu trinken, drehte sich der Mann plötzlich zu ihm, griff nach dem hingehaltenen Becher und warf ihn aus dem Fenster. Kaffee spritzte auf Sawetzkis Hose. Keiner der Männer sagte etwas.

Kurz vor halb acht kam ein Offizier an das Auto. Der Uniformierte stieg wieder aus und entfernte sich mit ihm einige Schritte vom Fahrzeug. Sie sprachen miteinander und sahen dabei zum Wagen und zu den darin sitzenden Männern. Aus der umgehängten Ledertasche gab der Rothaarige dem Offizier Papiere. Sie kehrten zum Auto zurück. Der Rothaarige öffnete die hintere Wagentür und forderte Sawetzki und den älteren Mann auf auszusteigen. Aus dem Kofferraum gab er ihnen ihr Gepäck, zwei kleine, abgeschabte Koffer. Der Offizier beobachtete sie wortlos. Als sie zum Bahnhofsgebäude gingen, lief er vor ihnen her. Vor einer weißen Tür ohne Klinke blieben sie stehen. Der Offizier drückte auf einen Klingelknopf und sagte etwas in die Wechselsprechanlage. Es knackte laut, und die Tür sprang auf. Der Offizier ließ die beiden Männer eintreten. Er verabschiedete sich mit Handschlag von dem Rothaarigen. Dann folgte er ihnen und schloß die Tür zu.

Man ließ Sawetzki und den älteren Mann auf einer Bank Platz nehmen. Wieder mußten sie warten. Dreimal wurden ihre Papiere geprüft. Uniformierte blickten forschend in ihre Gesichter und betrachteten stumm die Fotos auf den Dokumenten. Sie sahen sich die Männer und die Fotos gelassen und bedächtig an, als wollten sie sich ihre Gesichtszüge für alle Ewigkeit einprägen.

Sawetzki lächelte verlegen, weil man ihn so unverhohlen anstarrte. Als sie wieder allein waren, beschäftigte er sich damit, die elektrische Uhr über der Tür zu beobachten. Jede Minute sprang der Zeiger einen Zentimeter weiter, zitterte eine Sekunde und wartete dann reglos, bis wieder seine Zeit gekommen war.

Es war zwei Minuten nach neun Uhr, der Zeiger zitterte noch, als Sawetzki und der ältere Mann zum Zug gebracht wurden. Ohne weiteren Aufenthalt führte man sie durch die Grenz- und Zollkontrollen hindurch und begleitete sie bis zur Waggontür.

Sawetzki stellte seinen Koffer in ein Abteil. Er bemerkte erst jetzt, daß seine Hände schweißnaß waren. Für einen Moment schloß er seine Augen. Dann trat er auf den Gang hinaus und sah aus dem Fenster.

Gutenfürst, las er. Es stand mit großen Buchstaben auf einem weißemaillierten Schild des Bahnsteigs.

Vor seinem Fenster stand der Offizier, der sie zum Zug begleitet hatte. Sie sahen sich in die Augen. Dann wandte sich Sawetzki ab. Er fürchtete, daß er ihn aus Verlegenheit wiederum anlächeln würde.

Am Nebenfenster stand der ältere Mann und starrte auf den Bahnsteig. Seinen Koffer hatte er zwischen die Beine geklemmt.

Sawetzki hörte, wie auf dem Bahnsteig Kommandos gerufen wurden. Ein Stoß der Lokomotive durchlief mit einem eisernen Knacken langsam den ganzen Zug. Dann ertönte das Abfahrtssignal.

Als sich der Zug in Bewegung setzte, sah Sawetzki zu dem älteren Mann. Der stand im Gang und schlug, die Lippen zusammengekniffen, mit der linken Hand kräftig auf seinen rechten Oberarm. Es sollte ein Abschiedsgruß sein, ein Zeichen der Verachtung und des Hasses. Die Beamten auf dem Bahnsteig sahen ihm unbewegt zu. Ihre Gleichgültigkeit schien ihn zu ärgern, immer wütender schlug er auf seinen Arm ein. Er keuchte.

Sawetzki ging in ein Abteil, stellte den Koffer auf die Ablage über dem Sitz und ließ sich in die rote Polsterung fallen.

Zwei Tage zuvor hatte ihm der Leiter der Haftanstalt in B. eröffnet, daß man ihn vorzeitig entlassen und über die westliche Landesgrenze abschieben werde. Damit sei, fügte der Beamte hinzu, seinem Wunsch und den Interessen aller Beteiligten entsprochen, und er hoffe, Sawetzki werde es in Zukunft besser verstehen, sein Leben nach den Gegebenheiten einzurichten. Er jedenfalls würde es ihm wünschen.

In seinen Sitz zurückgelehnt, starrte Sawetzki auf die zerschnittene Landschaft, auf die gerodete Grenzlinie, die der Zug eben überfuhr, auf die Betonsperren, den Stacheldraht, die Wachttürme.

Ist Ihnen nicht gut? fragte ihn eine alte Dame.

Sawetzki bemerkte erst jetzt, daß er nicht allein war. Verwirrt sah er die Frau an. Die alte Dame wiederholte ihre Frage. Sawetzki lächelte und schüttelte den Kopf. Er schloß die Augen. Ihm war, als würde er endlich aus der Tiefe eines langen Schlafes emportauchen.

Er war jetzt einunddreißig Jahre alt, ausgebildet als Rinderzüchter, versehen mit einem Diplom der Hochschule in Meißen und hatte bis vor einem Jahr in der LPG seines Heimatdorfes als Kälberbrigadier gearbeitet. Er war mit einer Bauerntochter aus einer benachbarten Ortschaft verheiratet gewesen und hatte mir ihr und dem Kind bei seiner Mutter und ihrem Mann gewohnt.

Im Dorf galt Gotthold als fleißiger und umsichtiger Bauer, vernarrt in seine Tiere, hilfsbereit, aber wortkarg, so arbeitsam wie unnachsichtig gegenüber den Fehlern oder Versäumnissen seiner Kollegen, jähzornig wie sein im Krieg gefallener Vater und von der gleichen behäbigen und gründlichen Auffassungsgabe.

Er war in den Grenzen, die sein Charakter setzte, beliebt oder war es doch gewesen bis zu jenem Tag, an dem er, unbegreiflich für alle, ein Kalb erschlagen und begraben hatte. Von der Widernatürlichkeit seiner Tat erschreckt, spricht man noch heute in dem Dorf ungern darüber und wenn, dann wie über ein rätselhaftes, ebenso verwunderliches wie fürchterliches Geschehen.

Das Dorf, keine dreihundert Einwohner groß, dennoch, und das seit Jahrzehnten, mit eigenem Bürgermeister, liegt in dem hügeligen, ansteigenden Landstrich, der dem Vogtland vorgelagert ist, von der Eisenbahn unerreicht und nur von einer schmalen, sich durch Wälder und über Bodenerhebungen windenden Teerstraße durchquert, auf der wochentags, zweimal in jeder Richtung, ein Bus keuchend und die Fahrbahn in ganzer Breite einnehmend entlangkriecht. Der Bus verbindet das Dorf und einige andere gleich bedeutsame Flecken mit der von sieben teilweise bebauten Hügeln umgebenen Kreisstadt an der Weißen Elster, die, durch mehrere Jahrhunderte regiert von einem dort ansässigen Fürstengeschlecht, jüngere und ältere Linie, immer noch auf die Tradition pochte, mit winkligen Gassen, uraltem Mauerwerk, mit den sich über der Stadt erhebenden Schlössern (eins vormals der jüngeren, das andere der älteren Linie gehörend), mit prägnanten Glaubenssprüchen über den Hauseingängen und kleinen, vollgestellten Zimmern in Mansardenwohnungen. Eine Stadt also, die für die umliegenden Ortschaften durchaus mehr vorzustellen hat als bloß den Sitz der für den Landkreis zuständigen Behörden; sie ist für alle Dorfbewohner der näheren

Umgebung, vornehmlich für die Frauen und Kinder, mit ihrer Vielzahl von Geschäften und zwei Warenhäusern, den unterschiedlichsten Dienstleistungsbetrieben und der zentralen Oberschule das natürliche Ziel regelmäßiger Besuche.

Das Dorf, in dem Gotthold Sawetzki geboren wurde und – bis auf die Jahre, in denen er die landwirtschaftliche Hochschule in Meißen besuchte – gelebt hatte, zieht sich an der erwähnten Teerstraße entlang, gerade so, daß alle Häuser und Vorgartenzäune unmittelbar an diese Straße grenzen. Das Gehöft seiner Mutter liegt in der Nähe des südlichen Dorfausgangs, ein weiträumiges Gebäude, an welches sich, einen Hof bildend, Stallungen und Scheunen anschließen, die aber, seit dem Eintritt in die landwirtschaftliche Genossenschaft, leer stehen oder verpachtet werden: als Lagerraum einer städtischen Möbelfabrik die Scheune, der Kuhstall als Vulkanisierwerkstatt eines sächsischen Handwerksmeisters. Die Gebäude waren alt, und da man in der letzten Zeit wenig Geld für kostspielige Instandsetzungsarbeiten und Reparaturen aufbringen wollte, deren Notwendigkeit durch den baulichen Zustand der Mauern und Dächer ebenso offenbar wurde wie ihre Entbehrlichkeit durch die leerstehenden Räume, wirkten sie hinfälliger und verfallener, als sie es tatsächlich waren.

Die beiden Familien wohnten beengt, ungeachtet vieler Zimmer im Wohnhaus und der Möglichkeit, durch Umbau früherer Stallungen zu weiteren Räumlichkeiten zu gelangen; man hielt sich, wie man es gewohnt war, vor allem in der Küche auf. Das Wohnzimmer wurde nur beim abendlichen Fernsehen genutzt. Im ersten Stock des Hauses lagen die Schlafzimmer. Der alte Bauer und seine Frau nächtigten in einer niedrigen Stube an der Treppe in zwei zusammengeschobenen Metallbetten; das eichene Ehebett, Gesellenstück eines Tischlers und vom Großvater nach dem ersten Weltkrieg eingetauscht gegen Naturalien, hatte man dem jungen Paar überlassen. Es stand übergroß in seinem Schlafzimmer, ein düsteres Memorial eingegangener Verpflichtungen. Neben dem Bett ein mit hellem Stoff ausgeschlagenes Kinderbett, in dem das Baby schlief. Das dritte bewohnte Zimmer im ersten Stock gehörte Ev, Gottholds jüngerer Schwester.

Die weiteren Räume waren vollgestellt mit alten, unbrauchbaren Küchengeräten, Körben, in denen man einst Brot gebacken hatte, gefüllten Obsthorden und einigem Ackergerät, das man nicht in die Genossenschaft hatte einbringen wollen und das nun dahinrostete.

Man lebte zufrieden; die Hoffnungen, die sich nicht erfüllt hatten, verloren sich in den Jahren, und die Arbeit ließ die Wünsche und Träume vergessen, die eine Jugend so ruhelos machen.

Am späten Nachmittag des Totensonntags war die Bäuerin mit ihrem Mann vom Dorffriedhof zurückgekehrt. Man hatte wie in jedem Jahr einen Strauß kleiner Chrysanthemen auf das Grab von Gottholds Vater gelegt oder vielmehr auf jene mit einem Kreuz gekennzeichnete Stelle, die für sein Grab stehen sollte, da Gottholds Vater aus dem Krieg nicht zurückgekommen war. Im letzten Kriegsjahr wurde er als vermißt gemeldet. Nach einigen Jahren des Wartens hatte ihn die Bäuerin für tot erklären und auf dem Friedhof ein Holzkreuz aufstellen lassen mit seinem Namen, dem Geburtsdatum und dem Wort: GEFALLEN, das für den Tag seines Todes stand, und Karl Welsch, ihren jetzigen Mann, geheiratet. Er war vor dem Krieg mit Sawetzki befreundet gewesen, und als nach der Kapitulation nur Welsch aus der Gefangenschaft wiederkehrte und die Bäuerin noch unbeirrt auf ihren Mann wartete und an eine neuerliche Ehe nicht denken wollte, schien es bereits eine abgemachte Sache zu sein, daß sie beide heiraten würden. Jedenfalls lehnte Karl Welsch andere Angebote ab, und wenn man ihm vorhielt, daß er nicht mehr der Jüngste sei und eine Bauernwirtschaft ohne eine Hausfrau nicht auskomme, so erwiderte er vergnügt, es sei ihm halt keine gut genug. Als sie ein paar Jahre später heirateten, geschah dies unter beifälligen Äußerungen der Dorfbewohner, für die Sawetzkis Witwe und Welsch längst zusammengehört hatten, zumal die Äcker beieinanderlagen.

Das zweite Brautkleid der Bäuerin war schwarz. Am Tage vor der Hochzeit wollte sie Welsch erklären, warum sie sich dieses Kleid hatte anfertigen lassen, aber er unterbrach sie in seiner unbeholfenen, freundlichen Art und sagte, es sei ihm schon recht.

Es dunkelte bereits, als sie das Dorf wieder erreichten. Der Bauer, der in seiner Arbeitsjoppe und den Gummistiefeln zum Grab gegangen war, da er nach dem Mittagessen in seinem Kuhstall gearbeitet hatte, blieb häufig stehen, um auf seine Frau zu warten, die mühsam den Weg entlang hinkte. Sie hatte nach dem zweiten Kind Rheumatismus bekommen, ihre Beine hatten sich nach außen gewölbt, so daß sie beim Laufen starke Schmerzen litt. Seitdem war sie

schwerer geworden und seltener aus dem Haus gekommen. Am Totensonntag aber das schwarze Kleid
anzuziehen und auf den Friedhof zu gehen, das war
sie, wie sie meinte, ihrem ersten Mann schuldig.

Sie gingen ins Haus. Tochter Ev hatte den Vesper-
tisch gedeckt, und nachdem der Bauer die Joppe und
Stiefel ausgezogen hatte, setzte man sich mit der
Schwiegertochter Yvonne zu dem in einem Holz-
stühlchen thronenden Enkelkind um den Tisch. Die
Bäuerin war im Begriff, ein zweites Mal Kaffee einzu-
gießen, als die Zimmertür aufgestoßen wurde und ihr
Sohn Gotthold erschien. Er fragte Mutter und Stiefvater, ob sie bereits auf dem Friedhof gewesen wären,
erkundigte sich nach dem Fortgang der Schneiderar-
beit seiner Frau und scherzte mit dem Sohn. Yvonne,
die ihren Mann in den wenigen Ehejahren selten so
aufgeräumt und vergnügt erlebt hatte, wunderte sich,
daß er jetzt schon aus den Ställen zurück sei und noch
dazu bei bester Laune; er ging jedoch nicht auf ihre
Bemerkungen und die mitschwingende Klage über
sein gewöhnliches Verhalten ein, sondern erwiderte,
er werde am späten Abend erst wieder nach dem Vieh
sehen müssen.

Später brachte Ev das Geschirr in die Küche, und die
Mutter und sie wuschen ab. Die Männer setzten sich
vor den Fernsehapparat und rauchten. Mit gleich-
mütigen Gesichtern sahen sie einen Naturfilm auf dem
kleinen Bildschirm, während Yvonne mit dem Kind
nach oben in ihr Zimmer ging.

Der alte Bauer warf einen Blick auf den Stiefsohn,
kratzte seine Pfeife über dem Aschenbecher aus und
stopfte sie erneut. Er war dreiundsechzig Jahre alt und
bis auf die Kriegsjahre, die ihn nach Griechenland und

Nordafrika geführt hatten, nie weiter als eine Autostunde über sein Heimatdorf hinausgekommen. Was ihm Kinder und Bekannte von anderen Orten, über die Hauptstadt und fremde Länder berichteten, was ihm der Älteste von seinen Urlaubsreisen erzählte, es fand stets das gleiche erstaunte Interesse des Alten, der sich kopfschüttelnd mit der flachen Hand auf einen Schenkel schlug und dabei betonte, daß er es fast nicht glauben könne, was es anderswo Sonderliches gebe. Dennoch zog es ihn nicht hinaus, er hatte seinen Kuhstall, den er keiner Urlaubsvertretung überlassen mochte. Seit fast fünfzehn Jahren reinigte er diesen Stall, fütterte und melkte die zwanzig Kühe, sorgte sich um die Futteranlieferung wie um die Milchleistung und verbrachte, wenn eins der Tiere kalbte, die Nacht im Stall. Sechs Stunden des Morgens und fünf am späten Nachmittag war er damit beschäftigt, seitdem er gemeinsam mit der Frau dem Beitritt zur Genossenschaft des Dorfes zugestimmt hatte. Man hatte sich nicht länger sträuben wollen, nachdem die Mehrheit der Bauern der landwirtschaftlichen Genossenschaft beigetreten war, und nur zur Bedingung gemacht, künftig in der Viehzucht zu arbeiten. So war er für diesen Stall und dessen Viehbestand verantwortlich, der noch in keinen der großen, mehrere hundert Stück Milchkühe umfassenden Ställe umgesetzt war, obwohl das mehrfach angekündigt wurde.

Er versuchte an diesem Nachmittag erneut, seinen Stiefsohn zu bewegen, ein Kalb zu übernehmen, das bereits zwei Wochen über die übliche und vereinbarte Zeit in seinem Stall stand und, da ihm kein Jungtierfutter geliefert wurde und auch nicht unter der Hand aufzutreiben war, dem Muttertier die Milch wegtrank.

Einen Monat war er dadurch bei der Milchablieferung im Rückstand, und er fürchtete nun eine größere finanzielle Einbuße. Aber der junge Bauer ging auf die vorsichtig vorgetragenen Worte des Alten nicht ein, sagte nur, daß man bald weitersehen werde und er im übrigen für einige Kälber mehr zu sorgen habe. Bei diesen Worten blickte er unverwandt auf den Bildschirm, und der Alte, der das zaghaft begonnene Gespräch nicht so schnell abbrechen lassen wollte, setzte zu einer Erwiderung an, wurde aber schon nach dem ersten Wort von einer Handbewegung des Stiefsohnes unterbrochen, der sich bei der Übertragung eines Fußballspieles nicht stören lassen wollte. Man schwieg und starrte auf den Fernsehapparat, und das bläuliche Licht des Bildschirmes warf seine nervösen Schatten auf die beiden Männer.

Als der alte Bauer am Abend aus seinem Stall zurückgekehrt war, setzte man sich wiederum zu Tisch, blieb auch nach dem Essen sitzen, da man sich über Weihnachtseinkäufe unterhielt, und die Bäuerin, erfreut von der friedlichen Familienrunde, holte Bierflaschen aus dem Keller, stellte Kuchen auf den Tisch und brachte das Enkelkind ins Bett.

Gegen zehn Uhr nachts verließ Gotthold das Haus mit dem Versprechen, bald zurück zu sein.

Nach der Rekonstruktion der Ereignisse jener Nacht, wie sie am nächsten Tag von den Einwohnern des Ortes vorgenommen wurde, muß Gotthold Sawetzki direkt zum Traktoristen Eberhard Golz gegangen sein, der bereits mit Paul Jastram, dem für die Milchkühe verantwortlichen Brigadier, auf ihn wartete. Mit einem genossenschaftseigenen Traktor und zwei angehängten Viehtransportern seien sie dann zu dritt zum Rinderstall auf den Bergwiesen gefahren, in dem seit Monaten Jungtiere eingestellt waren. Man habe das Vieh auf die Hänger verladen, zu den Mastrinderställen gebracht und in die Gänge zweier schon übervoller Ställe getrieben; dieser Vorgang habe sich in der Nacht noch mindestens einmal wiederholt. Daraufhin begaben sich die drei zu dem nun leerstehenden Kuhstall auf den Bergwiesen und sicherten ihn mit Balken und Brettern wie eine Burgfeste vor einem feindlichen Sturm. Absicht müsse es wohl gewesen sein, am nächsten Morgen jene Kühe in den Stall einzutreiben, die seine eigentlichen Bewohner waren und, trotz der vorgerückten Jahreszeit, noch immer auf der Weide standen. Vor Monaten hatte man den leerstehenden Stall dem Kälberbrigadier Sawetzki überlassen, da die Kühe in der Sommerzeit Tag und Nacht auf der Koppel weideten und Sawetzki andererseits in einer Zwangslage war, denn seine Jungtiere wurden nicht vom Mastrinderstall abgenommen. Durch einen Futtermangel der Genossenschaft, dem auch nicht mit umfangreichen Futterkäufen bei anderen Landwirtschaftsbetrieben beizukommen war, konnte man den Masttieren nur eine eingeschränkte Kost verabreichen, und die Tiere wurden wegen Untergewicht nicht zu den vorgesehenen Terminen vom Schlachthof abgenommen. Kein Bitten half und kein Drohen, man brüllte sich auf dem Schlachthof die Seele aus dem Leib, die Bauern erinnerten den Direktor an sozialistische Hilfe und an ihre eigenen Pläne, sie sprachen über Prinzipien des Kommunismus und daß eine Hand die andere wäscht, wechselten urplötzlich die Diktion und drohten ihm – umsonst. Der Direktor hielt ihnen ungerührt die Verträge vor, und die Tiere blieben in den Ställen und mußten mit dem spärlichen Futter weitergemästet werden.

Die Lage war also überaus mißlich: die Genossenschaft erhielt kein Geld, da der Schlachthof das Vieh nicht abnahm, die zurückgewiesenen Rinder fraßen Futter, welches man der nächsten Generation zur Mast hätte geben müssen, und – und dies vor allem ist für unsere Geschichte von Bedeutung – sie beanspruchten Stallplätze, so daß die Jungtiere nicht umgesetzt werden konnten und unter der Obhut der Brigade Gotthold Sawetzkis verblieben.

Die Brigadiers der Viehzuchtbrigaden trafen sich beim Vorsitzenden der Genossenschaft, führten gegeneinander Beschwerde, hofften auf eine wundersame Lösung und verließen das Büro fluchend und einander beschimpfend. Denn die Kühe, weiterhin aus den Tiefkühlschränken besamt mit dem aufgetauten Sperma der bereits abgestochenen Zuchtbullen Friederich und Jupiter, kalbten trotz der überfüllten Ställe und vermehrten so den künftigen Reichtum der Genossenschaft und die gegenwärtige Konfusion.

Die Not zwang zu ungewöhnlichen Entscheidungen: eine solche war die Belegung des den Sommer über leerstehenden Kuhstalles mit den recht erwachsenen Jungtieren gewesen. Man hatte, in der Hoffnung, sie bis zum Herbst in die Mastrinderställe umsetzen zu können, zugesagt, den Stall zu räumen, sobald es erforderlich wäre, spätestens also vor Beginn des Vieheintriebs. Aber der Sommer war vergangen, und der Oktober kam und ging, und es war November geworden, und der Schlachthof kaufte nur zögernd die Rinder, und die Kühe kalbten, und auf der

Weide wurde das Futter weniger und weniger, und in dem Kuhstall standen noch immer die zur Mast bestimmten Tiere. Nun war es Gotthold Sawetzki, der sich bei den Bitten, Drohungen und Beschimpfungen taub stellte; er verwies auf die Mastrinderställe, die ihm seit einem halben Jahr nur wenige Tiere abnahmen. Der für die Milchkühe verantwortliche Brigadier Paul Jastram legte daraufhin Anfang Oktober seine Leitungsfunktion nieder; er war nicht bereit, unter – wie er sich ausdrückte – kriminellen Umständen als Brigadier zu arbeiten.

Dieser Schritt war so vergeblich wie alle zuvor in der gleichen Sache erfolgten Aussprachen und Maßnahmen. Denn weder erhielt seine Brigade den Stall zurück, noch konnte der Vorsitzende eines der für das Amt möglichen Genossenschaftsmitglieder gewinnen, in dieser Situation auszuhelfen und, wenn auch nicht Kopf und Kragen, so doch Nachtschlaf und Nerven zu opfern. Die Brigade blieb ohne Leiter, aber da die anfallenden Arbeiten eingeteilt werden und man über viele alltägliche Probleme sich einigen mußte, beratschlagte man zwar gemeinsam, stimmte jedoch stets dem ehemaligen Brigadier zu, so daß er schon nach kurzer Zeit alle früheren Obliegenheiten wahrnahm. Es war seine Frau, die ihn darauf hinwies, ihm selbst war diese Arbeit gewohnt, und er verrichtete sie mit Selbstverständlichkeit. Nun aber – angesichts des noch immer im Freien weidenden Viehs, um das er mehr als zuvor besorgt war, denn bald würden die Nachtfröste einsetzen und ein nicht wiedergutzumachender Schaden entstehen, angesichts auch der zusätzlichen Arbeiten, die seiner Brigade entstanden waren, da man den Kühen das Futter auf die Weide schaffen mußte –

erschien Jastram an einem Dienstag im Büro des Vorsitzenden und fragte ihn, wann seine Brigade ihren Stall und einen neuen Brigadier erhalte. Der Vorsitzende, dem es nicht entging, wie erregt Jastram war, obgleich er seine Frage ruhig vorbrachte, bat ihn, Platz zu nehmen, und wollte das Gespräch mit einigen Belanglosigkeiten einleiten. Jastram beharrte auf der Antwort und lehnte es ab, sich hinzusetzen.

Der Vorsitzende blickte aus dem Fenster, seufzte tief, wandte sich an Jastram und fragte, ob er sich den Mann aus den Rippen schneiden solle. Jastram antwortete, und dabei war seine Stimme hoch und ganz dünn, daß er aus der Genossenschaft austrete. Er fügte noch hinzu, daß er um eine sofortige Aufhebung der Mitgliedschaft ersuche, anderenfalls werde er vor das Kreisgericht gehen, das nach Kenntnis der Sachlage – Jastram sprach von planmäßigem Dilettantismus und allseitig entwickelter Schönfärberei – ihn unterstützen, ja, ihm zu seinem Austritt beglückwünschen müßte.

Der Vorsitzende nannte ihn einen hysterischen Kleinbürger, wie er aus der Geschichte der Arbeiterbewegung sattsam bekannt sei. Er bezeichnete die Kündigung als den Versuch einer Erpressung, entschuldigte sich wenige Sekunden später für die harten Worte, er sei selbst nervös, und bot Jastram an, das Vorgefallene zu vergessen, wenn dieser sich augenblicklich an die Arbeit begebe. Jastram lachte auf. Auf die Frage, was er nun zu tun gedenke, antwortete er, schon in der Tür stehend: Ich gehe dorthin, wo du herkommst. Ich fahre in die Stadt und suche mir Arbeit.

22

In der Tat war Otto Küstriner, der Vorsitzende der Genossenschaft, vor mehr als einem Jahrzehnt aus der Stadt gekommen. Von Beruf Dreher, war er Ende der fünfziger Jahre in das Dorf geschickt worden, um als Beauftragter der Parteileitung den Zusammenschluß der Bauern zu einer landwirtschaftlichen Genossenschaft zu betreiben. Seine Aufgabe war mühselig, und aus den geplanten Wochen wurden Monate. An der Seite des LPG-Vorsitzenden arbeitete er ein Jahr in der Leitung und wurde, als dieser in einer Winternacht überraschend über die westliche Staatsgrenze ging, sein Nachfolger. Die Kreisleitung versprach bei der Übernahme des Amtes, ihn bald ablösen zu lassen, aber man beließ ihn, aus welchen Gründen auch immer, in seiner Funktion, delegierte ihn zu Lehrgängen, und zu seinem Facharbeiterbrief und dem Diplom der Bezirksparteischule erhielt der Dreher und Parteiarbeiter Otto Küstriner das Abschlußzertifikat einer Landwirtschaftsschule.

Auch ein von ihm unerwünschtes Dokument kam in seinen Besitz: ein rechtskräftiges Urteil über die Scheidung seiner Ehe. Seine Frau war ihm nach einem Jahr auf das Dorf gefolgt, jedoch nach zwei Jahren in die Stadt zurückgekehrt, da sie sich auf dem Dorf nicht einleben konnte oder wollte, und hatte ihn um die Trennung gebeten. Er stimmte nicht zu, doch der von ihr eingereichten Scheidungsklage wurde entsprochen; das Gericht sah keinen Grund, auf einer Verbindung weiter zu bestehen, in der seit eineinhalb Jahren nicht mehr ehelich verkehrt wurde. Drei Wochen nach der behördlich registrierten Trennung fuhr ein Lastwagen vor. Zwei Kollegen der Frau brachten ihm einige Möbel, Geschirr und Bücher, wiesen einen Brief vor, in dem seine ehemalige Frau ihn bat, ihnen ein paar Gegenstände mitzugeben, die sie, wenn es ihm recht sei, gern in ihrem Besitz sehen würde. Er zeigte ihnen, was aufzuladen war. Als Küstriner Zigaretten anbot, fragte der Fahrer des Lastkraftwagens, ob er sich habe scheiden lassen. Der Vorsitzende nickte.

Der eine langweilt sich in der Stadt, und für den anderen gehts selbst im Dorf zu bunt zu, sagte der Fahrer, aber man weiß nie, wozus gut ist; hab ich recht? Ich hab recht.

Als die Männer davonfuhren, hüpften die wenigen Möbelstücke auf der Ladefläche unter der Verschnürung.

Otto Küstriner wirtschaftete glücklos, der Arbeitslohn der Mitglieder der Genossenschaft sank, und zu seinen Aufgaben kam ein Weckdienst hinzu: früh um fünf mußte er einige Bauern aus den Betten holen, die sich weigerten, für einen Stundenlohn von einer Mark vor sieben Uhr aufzustehen.

Wiederholt vorgetragene Bitten um Ablösung von seiner Funktion wurden abschlägig beantwortet; auch sein Eingeständnis vor dem Kreislandwirtschaftsamt, daß er seit Jahren selbst die geringen Erträge der Genossenschaft nur mit sogenannten frisierten Zahlen erreiche und ein Loch stopfe, indem er zwei andere aufreiße, führte nicht zu der erhofften Absetzung als LPG-Vorsitzender, sondern trug ihm zwei schwere Parteistrafen ein. Nach seinem dritten schriftlichen Antrag, wieder in der Stadt als Dreher arbeiten zu dürfen, erhielt er den Parteiauftrag, die Genossenschaft zu leiten und zu Wirtschaftlichkeit und hohen Erträgen zu führen.

Vierzigjährig und grauhaarig lebte er nun mit einer

jungen Frau zusammen, deren Mann an Krebs gestorben war und der ihr, als ihm seine unheilbare Krankheit bewußt wurde, gegen ihren Willen ein Kind gezeugt hatte, welches sechs Monate nach seinem Tode zur Welt kam.

Küstriner und die Frau lebten in Lebensgemeinschaft, in wilder Ehe also, wie einige im Dorf sagten, oder, wie die Verkäuferin im Dorfkonsum verkündete, sie lebten im Stande der Sünde.

Nachdem Jastram das Büro der Genossenschaft verlassen hatte, ließ Küstriner durch seine Sekretärin Sawetzki zu sich rufen, informierte ihn in gebotener Dringlichkeit über das Vorgefallene und verlangte, innerhalb einer Woche den besetzten Kuhstall zu räumen. Er müsse sich darüber klar sein, daß anderenfalls die sich ergebende Situation auch für ihn und seine Brigade unangenehm werden könnte, da man bei einem Ausscheiden Jastrams aus der Genossenschaft die Arbeitskräfte neu verteilen werde und er Gefahr laufe, eine der Frauen zu verlieren. Er wies ihn an, sich unverzüglich mit Jastram zusammenzusetzen, um eine Lösung zu finden.

Sawetzki hörte ihn schweigend an. Laufen sie dir davon, Otto?

Der Vorsitzende fuhr hoch. Wer läuft wem davon?

Aber Sawetzki beschwichtigte ihn. Er ging in der festen Absicht, Jastram zu helfen, zumal er es war, der, wenn auch entsprechend einer wohlbegründeten, kollektiven Entscheidung, den Stall besetzt hielt, am selben Tag zu ihm und entwickelte einen so abenteuerlichen Plan zur Rückgewinnung des Stalles, daß Jastram, der anfangs auf kein Zureden und keinen

Vorschlag eingehen wollte, sondern starrköpfig auf der Beantwortung seiner dem Vorsitzenden gestellten Fragen beharrte, sich für die mit Feuer vorgetragene Idee Sawetzkis erwärmte. Da der jetzige unerfreuliche Zustand, so war Sawetzkis Überlegung, durch die Situation in den Mastrinderställen verursacht war, weil die Tiere es nicht auf das vom Schlachthof geforderte Gewicht brachten, wäre es recht und billig, den Schwarzen Peter zurückzugeben und das Jungvieh ihnen zu überstellen. Denn wenn die Voraussetzungen nicht gegeben waren, ausreichend Futter für die zur Schlachtung bestimmten Tiere aufzubringen, sollten die anderen Brigaden nicht auch in die Regellosigkeit hineingezogen werden. Man wolle den Stall in der Nacht räumen, das Jungvieh ohne Zustimmung der Mastrinderbrigade in deren Ställe verbringen und am darauffolgenden Tag das auf der Koppel weidende Vieh in den leeren Stall eintreiben. Die zu erwartende Verbitterung der hereingelegten Kollegen könne in ihren Folgen nicht verheerender sein als die bisherigen chaotischen Wochen. Jastram stimmte ihm zu, man verabredete sich für die Nacht des Totensonntags und sprach in der Zwischenzeit mit dem Traktoristen Golz, den man unter Einhaltung der Regeln konspirativer Tätigkeit und mit der Ankündigung eines Geldscheines für die geplante Aktion gewann.

Die Umsetzung des Viehs konnte tatsächlich in der erwünschten Lautlosigkeit geschehen, die Überraschung des folgenden Tages jedoch war umfangreicher, als vom Brigadier vorgesehen.

Nachdem in den späten Nachtstunden der Kuhstall geräumt und das leere Gebäude unter Zuhilfenahme von Balken und Brettern versperrt worden war, kamen

die beiden Brigadiers, die den Traktoristen Golz ent-
lohnt hatten, überein, daß man, um einen Schaden ab-
zuwenden, der durch die Überfüllung der Mastrinderställe leicht entstehen könnte, nicht stillschweigend
abwarten wollte, bis am anderen Morgen ihre Kollegen die nächtliche Bescherung sähen, und sie be-
schlossen, selber und augenblicklich diese auf die Ein-
quartierung aufmerksam zu machen.

So klopfte Gotthold Sawetzki, bevor er zu Bett ging,
gegen den Fensterladen eines Wohnhauses, verlangte
eine Herta zu sprechen, die in der Mastrinderbrigade
arbeitete, und erklärte ihr, nachdem sie am Fenster erschienen war, eingewickelt in einen Mantel und der
angeblichen Nüchternheit Sawetzkis mißtrauend, daß
er an zwei ihrer Ställe vorbeigekommen sei und bemerkt habe, wie unruhig das Vieh darin sei, so außer-
gewöhnlich unruhig, daß eine umgehende Inspektion
ihm angebracht scheine.

Die aus dem Schlaf gerissene Frau verwies auf die
Nachtschicht, welche in einem neu errichteten Stall
anzutreffen sei. Doch Sawetzki erwiderte, es sei nicht
seine Angelegenheit, alles weitere liege allein bei ihr,
er jedenfalls wünsche ihr eine gute Nacht. Und mit
diesen Worten tippte er an seine Mütze und ging in
Richtung seines Hauses.

Am Morgen, Sawetzki saß mit seiner Mutter in der
Küche und aß sein Frühstück, kam eine der in seiner
Brigade beschäftigten Frauen hereingestürzt und fragte
ihn, ob er es bereits wisse. Er bot ihr einen Stuhl an
und eine Tasse Kaffee und erklärte, daß er selbstverständlich unterrichtet sei. Die Frau fragte ihn, wer der
Urheber sei, und was man, bei allen Teufeln, davon zu
halten habe.

Sawetzki war verwirrt. Natürlich sei er nicht unbeteiligt gewesen, verstehe allerdings nicht, daß sie mit Unverständnis und sogar Verärgerung reagiere auf eine endlich erreichte, wenn auch nicht unstrittige Lösung.

Die Frau bat ihn um eine Erklärung; sie begreife nicht, welcher Vorteil aus dem vorgefundenen Durcheinander zu gewinnen sei.

Durcheinander? fragte Sawetzki.

Ja, entgegnete sie, denn kein Tier stehe an seinem Platz, Kannen und Forken lägen durcheinander, einige Papiersäcke seien aufgerissen, und daß sich gar eines der Kälber ein Bein gebrochen oder anderswie verletzt hätte, sei nicht ausgeschlossen.

So sind sie wieder im Stall? fragte er.

Wieder im Stall? Die Frau war verwundert.

Sawetzki eilte, von ihr gefolgt, aus dem Haus, die Mutter, die verständnislos dem Gespräch zugehört hatte, ohne Erklärung verlassend.

Noch in der Nacht waren die Tiere zurückgebracht worden. Man hatte die sorgsam gefügten Balken gelöst, das Schloß aufgebrochen, die Tiere hineingetrieben, die sich, nach den Aufregungen des zweimaligen Transports zu ungewöhnlicher Stunde, aneinander drängten oder durch die Stallung galoppierten, so daß sich den am Morgen erscheinenden Frauen, die weder von Sawetzkis Vorhaben noch der anschließenden Rückkehr des Viehs wußten, ein überraschendes Bild von mutwilliger Zerstörung bot.

Der Brigadier wies die Frauen an, die frei umherlaufenden Tiere festzubinden, und eilte zu Jastram, den er zu Hause antraf.

Gemeinsam gingen sie, auf Jastrams dringenden Wunsch, zum Vorsitzenden, der die nächtlichen Vorgänge einen Dummenjungenstreich und ein jämmerliches Spektakel nannte, dazu angetan, die Spannungen zwischen den Genossenschaftsbauern zu verschärfen. Ein derart eigenmächtiges Vorgehen könne er keinesfalls gutheißen, ja, er werde die Beteiligten öffentlich rügen; darüber hinaus, und damit wandte er sich an Paul Jastram, der den tobenden Küstriner zu unterbrechen versuchte, halte er es für angebracht, seine Brigadiers darauf hinzuweisen, daß er Kündigungen nicht akzeptieren werde, daß er solche Kurzschlußreaktionen als ein Davonlaufen ansehe, unwürdig eines sozialistischen Leiters.

Von Jastram daraufhin mehrmals befragt, welche Möglichkeiten er denn habe, einen solchen Schritt zu hintertreiben, erwiderte er schließlich, um des Gesamtwohls willen werde er es nicht zulassen, daß eins seiner Mitglieder ohne Zustimmung der Leitung kündige. Er würde zu verhindern wissen, daß man diesen Menschen in irgendeinem Betrieb des Landkreises einstelle; gegebenenfalls sei eine Arbeitsaufnahme im gesamten Bezirk für diesen Landflüchtling unmöglich.

Diese Rede brachte augenblicklich ein feindseliges Schweigen in das Büro des Vorsitzenden, dem Sawetzki mit einer einlenkenden Bemerkung die Schärfe nehmen wollte, als er sagte, daß ein solcher Unsinn wohl kaum ernst gemeint sein könne.

Otto Küstriner, unschlüssig, wie weit er Macht und Mittel zur Verfügung habe, seine Ankündigung auch auszuführen, beharrte um so verbissener auf der Drohung. Von der Wendung des Gespräches überrascht, stammelte Jastram einige unzusammenhängende Worte und verließ, als er bemerkte, daß ihn die Wut keinen klaren Gedanken fassen ließ, rasch das Büro.

Der Vorsitzende starrte aus dem Fenster dem davoneilenden Brigadier nach und schien darauf zu warten, daß auch Sawetzki den Raum verlasse.

Geh ihm nach! krächzte Sawetzki heiser.

Der Vorsitzende starrte weiter aus dem Fenster.

Geh ihm nach. Was erlaubst du dir, Genosse Küstriner!

Paul Jastram, der in den folgenden Tagen erregt und verbittert seine Arbeit verrichtet hatte und in den Gesprächen mit Küstriner, der ihn nun häufiger aufsuchte, um mit ihm wie auch den beiden anderen Brigadiers über den Futtermangel und die daraus resultierende Überbelegung der Viehställe zu sprechen, unwillig blieb und sich auf knappe Antworten beschränkte, wurde von seiner Frau beschworen, den Antrag, aus der Genossenschaft auszuscheiden, zurückzuziehen. Sie war keinesfalls bereit, aus ihrem Geburtsort wegzugehen, andererseits fürchtete sie die Folgen, und das um so mehr, da sie in den Vertretern des Staates und der Partei allgewaltige und undurchschaubare Machthaber erblickte, die bei mangelnder Willfährigkeit nur zu bereit wären, die Eigensinnigen ins Unglück zu stürzen.

Der Mann, von ihren ängstlichen Reden ermüdet, verdeutlichte ihr zwar, daß in dieser Sache nichts als die desolate Situation seiner Milchkühe ihn unglücklich machen könne, lenkte aber ein und nahm, als ihn Otto Küstriner eines Tages in einem seiner Ställe aufsuchte und beiläufig den Antrag aus der Tasche zog und ihm hinhielt, diesen zurück. Dabei sagte er, als er ein Lächeln des Vorsitzenden bemerkte, das er vergeblich zu unterdrücken versuchte, es wären nicht die schönen Augen Küstriners gewesen, die ihn bewogen hätten, seine Absicht zu ändern, und schon gar nicht seine Generalsmanieren, sondern allein die Gewißheit, daß man, wenn er die Genossenschaft verließe, nicht fähig wäre, einen geeigneten Mann als Brigadier einzusetzen. Er möge versichert sein, setzte Jastram hinzu, daß ihn ein paar hundert Rinder weit besser überzeugen könnten als ein Genossenschaftsvorsitzender, alldieweil diese nicht so blöken würden.

Küstriner lachte auf und entgegnete, er sei es gewohnt, jedwede Helfer zu akzeptieren und seien sie auch noch so ungewöhnlich, und wo menschliche Überredungskunst versage, vermag vielleicht ein Rindvieh zu überzeugen.

Zufrieden, einen so heiklen Streit rechtzeitig beigelegt zu haben, klopfte er Jastram auf den Rücken, versprach ihm jede nur mögliche Unterstützung und verließ den von sich selbst überraschten Bauern, der wenige Tage zuvor noch willens gewesen war, seine Mitgliedgliedschaft endgültig aufzukündigen, und nun dastand mit einem nutzlosen Papier in der Hand und bereits halbwegs wieder mit der Funktion eines Brigadiers betraut.

Sawetzki, verärgert über das Mißlingen der nächtlichen Aktion, zumal der Handstreich sein Plan gewesen und er somit Anlaß für spöttische Bemerkungen war, wie er bei anderem Ausgang zweifellos die Lacher auf seiner Seite gehabt hätte, Sawetzki bedauerte den Fehlschlag und sprach mit seinen Mitarbeiterinnen über seine Befürchtung, daß er, da die Leitung der Genossenschaft keine brauchbare Lösung anzubieten habe, ähnliches für seine eigenen Ställe erwarte angesichts des nahenden Winters und möglicherweise angeregt von der eigenen Gewaltaktion. Vor allem sah er den Stall auf den Bergwiesen gefährdet. Damit verdächtigte er unausgesprochen Jastram, gegen ihn Pläne zu schmieden. Man beschloß, daß die jeweilige Nachtschicht häufiger als bisher alle zur Kälberbrigade gehörenden Ställe kontrollieren und bei einem Verdacht sofort und nach einem festgelegten Signalsystem, wobei Sawetzki seine Erfahrungen als Mitglied der Partei nutzen konnte, die restlichen Brigademitglieder mobilisieren sollte.

Die Frauen, alle ein paar Jahre älter als ihr Brigadier und ihm zugetan aus einem wunderlichen Gemisch von Mütterlichkeit, Arbeitsdisziplin, Anerkennung seiner fachlichen Kenntnisse und dem allumfassenden Grund, daß er ein Mann war, der einzige Mann in ihrer Brigade, fragten ihn, ob nicht ein entgegenkommenderes Verhalten hier mehr ausrichten könne, denn sie befürchteten – durch vielfältige familiäre und freundschaftliche Beziehungen mit den feindlichen Parteien verbunden – häusliche Auseinandersetzungen.

Doch Sawetzki, der auf persönliche Rücksichtnahmen nicht eingehen wollte – er betonte in schwierigen Situationen und zur Verärgerung der Frauen des öfteren das Primat der Arbeit und lehnte es ab, den geregelten Schichtbetrieb durch Privatinteressen zu gefährden –, erläuterte ihnen geduldig, daß er, wenn man nicht mit den Kälbern waghalsige Abenteuer beabsichtige, und damit spielte er wohl auf die noch im November auf der Weide stehenden Kühe Jastrams an, nicht anders verfahren dürfe, zumal die Leitung, erfolglos bemüht oder einfach unfähig, ihnen nicht helfen könne. Und obgleich die Frauen, nachdem ihr Brigadier gegangen war, noch eifrig und besorgt miteinander redeten, sie stellten sich nicht gegen Sawetzki, diesen ruppigen und hübschen Kerl.

Daheim sprach Sawetzki nur wenig, und die Eltern und seine Frau, an seine mürrische Schweigsamkeit gewöhnt, waren so ungenau informiert wie die meisten Dorfbewohner, die ihr Wissen allein aus den Gesprächen im Dorfkonsum und während der Busfahrten zur Stadt bezogen. Und wie gewöhnlich, wenn nur mit Ahnungen und Ansichten statt zuverlässigen Auskünften gehandelt wird und man die Lücken des Textes auszufüllen hat mit wahrscheinlichen oder zumindest glaubwürdigen Sprüngen, blühten die Gerüchte, und mit den Mutmaßungen wuchs das Interesse des Dorfes an den Vorgängen in den Viehzuchtbrigaden.

Sawetzki, der die Aufmerksamkeit des Dorfes lediglich in einer geschwätzigen Neugier begründet sah und dem die Anteilnahme der Familie lästig war, bestätigte entweder einsilbig die Vermutungen oder verwies sie barsch in das Reich der Fabel.

Die Mutter, die sich, trotz der wenigen Ehejahre mit ihrem ersten Mann und ihrer damaligen Jugend, Gottholds Vater klar und unsentimental zu erinnern glaubte, erschrak darüber, wie gleichartig Vater und Sohn waren in ihrem Charakter und ähnlich selbst in den Bewegungen, so daß sie, der mit den Jahren das frühere Leben immer gegenwärtiger wurde, verschiedene Male den Sohn mit dem Vornamen seines Vaters anredete. Sie erschrak, weil sie das Unmaß seiner Einsamkeit begriff und weil sie meinte, daß nun ihre Schwiegertochter das einst ihr selbst bestimmte Schicksal zu tragen hatte: die Frau eines Mannes zu sein, der nicht lieben konnte und nicht geliebt werden wollte und der nur darum so schweigsam war, weil er sein Leben bereits unveränderbar eingerichtet hatte. Sie erinnerte sich der Mutter ihres ersten Mannes. An einem Sommerabend hatte sie selbst weinend in der Küche gesessen und wurde von ihr überrascht; die Schwiegermutter setzte sich neben sie, strich ihr über den Kopf und versuchte sie mit den ihr damals eigenartig erscheinenden Worten zu trösten, daß sie wohl einen sehr hartherzigen Mann liebe, aber nicht vergessen möge, daß er sich selbst gegenüber geradezu ein Stein sei.

Voller Sorge beobachtete die Mutter das blasse Gesicht ihrer Schwiegertochter, von der Vorstellung bedrückt, daß diese außer dem Hochmut ihres Mannes noch die gleiche böse Lust seines Vaters zu erdulden hätte, da der Krieg, wie sie meinte, ein Leben zwar auslöschen könnte, daß sich aber das nicht gelebte Glück und die nicht empfundenen Schmerzen der Toten den Kindern vererben würden. So saß sie manche Nacht, von einem Wortwechsel im Schlafzimmer der jungen Leute geweckt, in ihrem Bett und lauschte den laut werdenden Stimmen, hörte das erbitterte Schluchzen der Schwiegertochter und die gereizt vorgebrachten Bemerkungen ihres Sohnes. Wenn es längst wieder still war, lag sie schlaflos und dachte an ihre so verschiedenen Kinder, an Gotthold und an die lebhafte, aufgeschlossene Ev, die sich ihrer vielen Freunde wegen selten zu Hause aufhielt und häufig auch über Nacht bei Freundinnen schlief, dachte an ihre zwei Männer, den ruhigen, stillen Karl Welsch, der ihr fast unterwürfig zugetan war und von dem sie nie ein lautes Wort hören mußte, den sie nicht liebte, nie geliebt hatte, aber mit dem ein Zusammenleben angenehm war und sogar herzlich. Es war eine Zuneigung

ihrerseits, die, sie hoffte es, die Gefühle ihres jetzigen Mannes nicht betrog oder gar verletzte, eine sogenannte Vernunftehe also, und das hieß für sie, eine Gemeinschaft, die nicht von aufdringlichem, quälendem Begehren bewirkt war, von sanftem Druck und nächtlichen Tagträumen, und die nicht gefährdet war mit dem Schwinden des für den Fortbestand der Gattung unerläßlichen Triebes, eine Lebensgemeinschaft von Freunden oder wie man im Dorf sagte, Karl Welsch und Sawetzkis Witwe passen zueinander, womit ja kein anderes Maß gemeint war, als das des friedlichen Miteinanderlebens. Friedlich aber wäre die Ehe mit dem Mann, den sie geliebt hatte, Gottholds Vater, nicht geworden. Er war ein großer, blaßäugiger Bauer gewesen, der ihr bereits vier Wochen nach der Heirat das Zahnfleisch blutig schlug und an dessen Rückkehr aus dem Krieg – sie war fast wahnsinnig geworden, als er nach dem ersten Heimaturlaub zur Truppe zurückfuhr, und schreiend dem Bus nachgelaufen –, sie noch sieben Jahre nach dem Waffenstillstand glaubte, sieben lange Jahre, in denen ihr seine Frontkameraden und die Nachbarn rieten, den Vermißten für tot erklären zu lassen und eine neue Ehe einzugehen. So gab sie schließlich, gegen ihr Gefühl, nach, gab ihn auf, ihn, der im Krieg geblieben war, im Krieg blieb, ganz so, als sei dieser nicht vorbei, als seien irgendwo noch deutsche Truppen im Kampf, als sei der, der im Krieg blieb, der immer sterbende Krieger, der ewige Soldat.
Als sie einschlief, verwuchsen ihre Nachtgedanken mit Traumbildern, ihr Vater erschien und setzte sich an ihr Bett, ihr zärtlicher Vater, Tagelöhner und Bildermaler, der die Tochter mit den Farben vertraut gemacht hatte, mit der Herstellung von Rapsölmi-

schungen, in ihren ersten Malversuchen ermunterte und als einziger der Halbwüchsigen versicherte, daß sie eine schöne Frau sei.

Am Abend des letzten Freitags im November fuhr Yvonne mit dem Acht-Uhr-Bus in die Stadt. Sie trug ein selbstgeschneidertes, großgeblümtes Kleid, eine Felljacke darüber, und trotz des stark geschminkten Gesichts waren noch Spuren von Tränen zu erkennen. Im Bus erblickte sie keinen Bekannten, was ihr recht war, es fuhren nur jüngere Leute mit, kichernde Mädchen und ernste, junge Männer in Motorradjacken, die ihre Fahrzeuge der kalten Nächte wegen eingestellt hatten, doch mit der Lederkleidung noch einen Rest der überwinternden Göttlichkeit vorwiesen.

Yvonne bezahlte beim Fahrer, setzte sich auf einen Fensterplatz, kramte aus der Handtasche einen Spiegel und betrachtete sorgfältig ihr Gesicht.

Als der Bus das Dorf verließ, warf sie einen Blick durch die hintere Glasscheibe; in der schwarzen Nacht leuchteten ein paar Fenster der weit auseinander stehenden Häuser, aber was sie suchte, die Scheinwerfer eines dem Bus folgenden Personenautos, war nicht zu sehen.

In dem abgelegenen und stillen Dorf war es dem jungen Ehepaar zur Gewohnheit geworden, die Freitagabende gelegentlich in der Stadt zu verleben, wozu es, der unzureichenden öffentlichen Verkehrsmittel wegen, das eigene oder das Auto von Freunden benutzte. Man ging in ein Kino oder, wenn sich die seltene Gelegenheit bot, in eine Revue, um den Abend anschließend in einer Bar oder einer Vorstadtgaststätte mit einer Kegelbahn im Kellergeschoß zu verbringen.

Eintrittskarten hatte man sich zuvor von der Sekretärin des Bürgermeisters besorgen lassen; und da es zumeist mit zwei befreundeten Ehepaaren aus dem Dorf ein Auto benutzte und alle bis auf eine Frau die Fahrerlaubnis besaßen, mußte jeweils nur einer aus der Gesellschaft am Abend dem Alkohol entsagen, um das Auto samt den gedrängt sitzenden Passagieren in den ersten Morgenstunden des Samstags ins Dorf zurückzubringen.

In den allerersten Jahren war man auch zum Tanz gefahren, aber Unlust an diesem Hüpfen und Drehen veranlaßte die Männer, sich an solchen Abenden häufig zu entschuldigen, und da die Frauen nicht allein in die Stadt fahren wollten, entschloß man sich, unter spöttischen Bemerkungen über das so verschiedene Verhalten von Verlobten und Ehemännern, darauf zu verzichten.

Sawetzkis waren keine regelmäßigen Stadtbesucher. Bei den häufigen Zwischenfällen, die sich in der Viehzucht schwerlich vermeiden lassen, eilte Sawetzki stets selbst zur Hilfe, teils um seinen Frauen keine zusätzliche Arbeit aufzubürden, teils aus dem ihm eigenen Mißtrauen in die Gründlichkeit und das Verantwortungsbewußtsein seiner Mitarbeiterinnen, so daß er, zum Ärger der Frau und zur belustigten Verwunderung der Freunde, die selber Brigadier und Leiter einer Pflanzenzuchtanstalt waren, es jedoch besser verstanden, ihr Privatleben mit den Erfordernissen des Berufes zu arrangieren, an manchen Freitagen kurzfristig absagen mußte und statt dessen, während seine Frau daheim blieb, den Abend oder die Nacht im Stall verbrachte.

Im November waren Sawetzkis noch an keinem

Abend in die Stadt gefahren. Gotthold hatte aber der Frau versprochen, auf jeden Fall und spätestens am letzten Freitag im Monat mitzukommen; davon würden ihn keine zehn Pferde abbringen. Als jedoch dieser Freitag heranrückte, erwies es sich, daß ihn, wenn auch keine zehn Pferde, ein paar hundert Kälber sehr wohl davon abhalten konnten, die städtischen Lichtspielhäuser und Bars zu besuchen.

Er kam an diesem Abend gegen sechs Uhr nach Hause und traf in der Küche, in der die Familie das Abendbrot einzunehmen pflegte, die Eltern und seinen kleinen Sohn. Er setzte sich zu ihnen und begann zu essen. Die Mutter erklärte ihm auf sein Befragen, daß Yvonne bereits nach oben gegangen sei, um sich für die Stadt fertigzumachen. Gotthold, von dieser Auskunft sichtlich überrascht und an sein Versprechen erinnert, sprang vom Stuhl auf und lief, unschlüssig, was er zu tun habe, in der Küche umher. Die Mutter, die ihrem Enkel einen Brei einlöffelte, bat ihn, seiner Frau zuliebe das beabsichtigte Vergnügen nicht abzusagen, zumal auch er, Gotthold, in den letzten Wochen kaum aus seinem Stall gekommen sei und sie sich um seine Gesundheit ebensoviel Sorge mache wie er um seine Kälber.

Gotthold, der die Worte der Mutter als Bevormundung empfand und ihr dies im Ton seiner Entgegnung zu verstehen gab, sagte, es sei einerlei, ob er mitfahre oder nicht, Yvonne habe nur eines im Kopf, sich zu amüsieren; und wenn einer kein Bauer sei und keinen Verstand dafür habe, helfe eben nichts. Der Vorwurf gegen seine Frau war insofern unzutreffend, als Yvonne, die jetzt als Kindergärtnerin arbeitete, Tochter eines Großbauern aus dem Nachbardorf war und nach dem Tod der Eltern, ihr Vater hatte sich unmittelbar vor seiner gerichtlichen Verurteilung wegen eines Wirtschaftsvergehens erhängt, und die Mutter starb, wie die Verwandten sagten, an gebrochenem Herzen zwei Monate darauf, eineinhalb Jahre versucht hatte, den Hof, für den sich aus ihr unbegreiflichen Gründen kein Käufer fand, recht und schlecht zu führen, bis die Kampagne zur Gründung einer landwirtschaftlichen Genossenschaft in ihrem Dorf begann und sie der Vereinigung mit achtzehn Jahren als eines der ersten und jüngsten Mitglieder beitrat. Fünf Jahre später heiratete sie und löste, da sie den Heimatort verließ und zu ihrem Mann zog, die Mitgliedschaft auf.

In der Küche war es nach der gehässigen Bemerkung Gottholds still geworden. Die alte Bäuerin redete leise auf das Kind ein, das seine Lippen vor dem gehäuften Breilöffel verschlossen hielt, Karl Welsch blickte in die Zeitung und warf nur verstohlene Blicke auf den unruhig umhergehenden Stiefsohn. Ihn, der Auseinandersetzungen aus dem Wege ging und bei heftig geführten Diskussionen verstummte, erschreckten die lauten Worte, so daß er sich nicht getraute, Gotthold an das noch immer nicht umgesetzte Kalb zu erinnern. Er hatte ihn auch bitten wollen, zur Nachtzeit in seinen Stall hineinzuschauen, da er in den nächsten zwölf Stunden das Kalben einer Kuh erwartete und deshalb beabsichtigte, bis zum Morgen beim Vieh zu bleiben. Jedoch fürchtete er jetzt, dem Stiefsohn lästig zu werden, und schwieg.

Gotthold Sawetzki ging nach oben. Im Schlafzimmer saß seine Frau vor dem Spiegel und schminkte sich. Sie war bereits umgezogen und bat ihren Mann, ohne sich umzusehen, das gleiche zu tun, da die Freunde in den nächsten Minuten zu erwarten seien. Als er nicht antwortete, suchte sie seinen Blick im Spiegel und begann in dem Augenblick, in dem sie begriff, hemmungslos und laut zu weinen.

Sawetzki hatte, als er ins Zimmer trat, die Absicht gehabt, sich bei ihr zu entschuldigen und ihr vorzuschlagen, allein mit den Freunden zu fahren, aber er fühlte beim Anblick der heulenden Frau eine Wut in sich aufsteigen und verließ mit dem Satz, daß es nicht zu ändern sei, das Zimmer.

Das Gesicht vom Tränenstrom entstellt, schrie Yvonne ihr Spiegelbild an, und in den Beschimpfungen lagen ihre Verzweiflung und die erlittene Mißachtung, all die kleinen, aber unsäglich vielen Lieblosigkeiten.

Eine Stunde später, die beiden Männer waren bereits wieder in ihren Ställen, und die Mutter hatte die jungen Leute bei ihren Freunden, die sie abholen wollten, entschuldigt, kam Yvonne in die Küche. Sie vermied es, sich von der Schwiegermutter genauer betrachten zu lassen, indem sie den Kopf gesenkt hielt, nahm ihren Sohn, der bereits gewaschen war und mit Bilderbüchern spielte, und brachte ihn ins Bett.

Währenddessen wusch die Mutter das Geschirr ab, brachte die Küche in Ordnung und saß, als Yvonne wieder herunter kam, im Wohnzimmer vor dem eingeschalteten Fernsehapparat und putzte Gemüse.

Die Schwiegertochter, geschminkt und im Stadtkleid, setzte sich zu ihr. Ein Gespräch kam nur zögernd in Gang, da beide Frauen, das Gesicht dem Fernseher zugewandt, vorgaben, sich für das Programm zu interessieren.

Soll ich dir ein Glas Kirschen aus dem Keller holen? fragte die Mutter.

Nein. Die Antwort war kühl.

Oder ich lade dich zu einem Glas Wein ein, fuhr die Mutter fort, warte, ich bin gleich zurück.

Aber Yvonne lehnte ab.

Wenn du hier im Ort eine Freundin hättest, begann nach einigen Minuten die Mutter erneut, würde sie heute zu uns kommen, und wir drei könnten einen langen Abend über die Männer klatschen. Schade.

Was ist schade? Ich hatte nicht zugehört, entschuldige.

Wieder vergingen einige Minuten, der Fernseher tönte gleichförmig, die Mutter schabte die Mohrrüben, und Yvonne rauchte.

Ich hab es gern, wenn Leben im Haus ist. Die Mutter wollte sich unterhalten. Bei meinem Vater saßen immer Leute in der Stube. Haben geredet oder nicht geredet, geraucht und Tee getrunken oder Sprit, wir Kinder stets dazwischen. Mutter wollte uns ins Bett stecken, aber Vater und die Männer haben gelacht und uns auf ihren Schoß gesetzt. Ja, das hat mir gefallen.

Wie langweilig das ist, sagte Yvonne und zeigte, als die Mutter zu ihr sah, auf das Fernsehgerät.

Schalte ihn aus; mit dieser Brille kann ich sowieso nichts erkennen.

Die Mutter schabte an den Möhren und erzählte, da die Schwiegertochter sitzen blieb, weiter: Als meine Kinder klein waren, das war auch schön. Aber jetzt, das Leben ist mir davongelaufen. Arbeit und Arbeit, und das Schönste waren die Bälger, die kleinen Flämmchen.

Sie hörte auf zu schaben. Mit Wehmut betrachtete sie die fröstelnde Yvonne.

Seit ich weniger arbeiten kann, kommen die Gedanken. Da steigt die Angst in mir hoch, mitten in der Nacht. Ich wache auf, bin schweißgebadet, zum Verrücktwerden. Das kann doch nicht alles sein. Halb besinnungslos hab ich mich geschuftet, aber irgendwann sollte der Spaß anfangen. Ich hab mir gesagt, später wirst du Zeit haben, dann kannst du wieder malen. Aber sieh her: mit diesen Händen? Was zum Teufel hatte ich für ein Leben. Die Jahre waren schlecht, wen hab ich schon lieben können? Und ihr führt euer eigenes Leben, ich versteh euch ja, ich bin auch nicht böse. Aber weißt du, alte Leute, die ihre Liebe nicht loswurden, die fallen den anderen Menschen auf den Wecker, ja. Ich hatte einen großen Vorrat an Liebe.

Sie hielt unvermittelt inne und kicherte. Yvonne, ich hab gern einen Mann angefaßt. Wie sich der Bauch eines Mannes anfühlt, ach.

Yvonnes Augen füllten sich langsam mit Tränen.

Hör auf, Mutter.

Die alte Frau blickte bekümmert. Ihr solltet sorgsamer miteinander umgehen. So ist es nicht recht, nein, nein, mein Kind.

Yvonne rauchte nervös und preßte nach jedem Zug die Lippen zusammen.

Die Mutter seufzte auf. Gotthold ist unausgeglichen, launisch. Aber sei nicht zu streng mit ihm, er ist ein guter Kerl.

Sei nicht so streng mit ihm, äffte Yvonne sie nach, dein guter Kerl ist Tag und Nacht bei seinen Kühen. Ich habe es satt, Mutter, einfach satt. Ich will nicht immer zurückstecken.

Kind, Kind, jammerte die Mutter, tu bloß nichts Unüberlegtes.

Yvonne, die sich nicht mit der Schwiegermutter in ein vertrauliches Gespräch über die Ehe einlassen wollte, fragte sie schroff: Heißt das, ich bin in diesem Haus nicht die einzige, die an eine Scheidung denkt?

Die Bäuerin widersprach ihr erschrocken, unterließ aber jede weitere Bemerkung, da das Verhalten der jungen Frau deutlich zeigte, daß sie nicht gewillt war, ihr zuzuhören oder mit ihr zu reden, und als die Schwiegertochter, die für einige Minuten das Wohnzimmer verlassen hatte, zurückkam, entschuldigte sie sich.

Eine Stunde später erschien überraschend Sawetzki wieder. Er wechselte im Hausflur das Schuhwerk und setzte sich zu den Frauen ins Zimmer. Die leise Hoffnung Yvonnes, daß ihr Mann es sich anders überlegt hätte und mit ihr in die Stadt fahren würde, zerschlug sich, als er auf Befragen der Mutter sagte, seine Anwesenheit im Stall sei derzeit nicht notwendig, er halte sich aber zur Verfügung und wolle überdies im Verlaufe des Abends in den Kuhstall des Vaters gehen, um ihm beim Kalben der Kuh behilflich zu sein. Darauf fragte ihn seine Frau, ob er beabsichtige, derweil mit ihr vor dem Fernsehgerät zu sitzen, er in der stinkenden Arbeitskluft und sie im Stadtkleid, und da er nicht antwortete, stand sie auf, erklärte, daß sie allein in die Stadt fahren werde, daß er, falls ihm wider Erwarten danach zumute sein solle, sie mit dem Auto dort abholen könne, daß sie jedoch nicht davon abhängig sei, da sie sich durchaus allein zu helfen wisse. Sie wartete einige Augenblicke auf eine Reaktion ihres Mannes und verließ dann das Zimmer, da er von ihren schrill vorgetragenen Worten nicht beeindruckt schien, vielmehr ein Einverständnis bekundete, sofern man

die von ihm leise geknurrten Worte: Fahr zu, fahr zu,
als ein solches auffassen durfte.

Während Yvonne in den ihr bekannten Restaurants
und Bars der Stadt vergeblich nach den Freunden
suchte, bemühte sich die alte Bäuerin, ihrem Sohn die
Folgen seiner starrsinnigen Haltung auszumalen, und
sie sprach, obgleich sie sich nur ungern in den Streit
einmischte, von der völligen Zerrüttung einer Lebensgemeinschaft, der Schande, die der ständige und laute
Wortwechsel ihnen im Dorf einbringe, der möglichen
Scheidung und ihren verheerenden Auswirkungen
für das Kind, wobei sie die Details ihrer Schreckens-
bilder jeweils mit der Frage abschloß, daß er doch
solches nicht wünsche. Da ihr Sawetzki dies bestätigte und sie nur zu bereitwillig ihre Befürchtungen
um den Bestand und das Glück ihrer Familie gegen
eine neue Hoffnung eintauschte, die, so wenig der
Anschein für sie zu sprechen vermochte, ihr lieb
und wünschenswert war und beinahe zur Gewißheit
wurde – denn jede Erwartung, selbst eine unsinnig
traumhafte, kann sich mit der Aura des Möglichen
und Denkbaren schmücken – und sie sich nur zu gern
mit der beiläufigen Zustimmung ihres Sohnes zufrie-
dengab, der, unbeeindruckt vom Kummer der Mutter, aber überdrüssig ihrer Vorhaltungen, die aufge-
schreckte Frau beruhigt sehen wollte, beendete sie
das Gespräch, nicht ohne dem Jungen zu empfehlen,
nach Abschluß aller Querelen um die Ställe, auf jeden
Fall aber vor dem Jahreswechsel, drei, vier Tage Ur-
laub zu nehmen und mit der Frau zu verreisen, vielleicht nach Berlin, um Yvonne ein paar hübsche Klei-
nigkeiten zu kaufen.

Nachdem sie für ihren Mann einen Imbiß bereitgestellt hatte und eine Thermosflasche Kaffee, ging sie zu Bett.

Yvonne, die bei ihrer Suche nach den befreundeten Ehepaaren hastig und verlegen durch die Gasträume lief, wurde häufig aufgefordert, sich zu setzen und ein Gläschen Alkohol nicht auszuschlagen, und blieb auch von weitergehenden Angeboten nicht verschont. Sie verwünschte bereits ihren Einfall, allein in die Stadt zu fahren, und wütend über ihren Mann und sich selbst, kämpfte sie in den nächtlichen Straßen der Stadt mit den Tränen. So war sie erleichtert, als sie in den hinteren Räumen eines Restaurants ihre Schwägerin Ev traf, und nahm, nachdem sie dem Mädchen halbwegs erläutert hatte, warum sie hier und ohne Begleitung sei, die Einladung an, mit Ev und ihren Mitschülerinnen eine Klassenauszeichnung zu feiern, nur, um nicht sofort und möglicherweise zur Schadenfreude ihres Mannes ins Dorf zurückfahren zu müssen.

Die Heiterkeit und die ausgelassenen Scherze der siebzehnjährigen Mädchen erschienen ihr albern, und das betont burschikose Auftreten der Halbwüchsigen berührte sie unangenehm, und es war ihr recht, daß sich der anwesende Lehrer zu ihr setzte. Er schien sich in einer ähnlich verlegenen Situation den feiernden Mädchen gegenüber zu befinden und ergriff die Gelegenheit, sich zurückzuziehen, indem er sich Evs Schwägerin widmete, zumal sie sich nicht unbekannt waren, da sie in demselben Dorf wohnten.

Sie spürte, von dem ehelichen Streit und der ergebnislosen Suche in der Stadt gleichermaßen erregt und erschöpft, daß ihr an diesem Abend der Alkohol bald zu Kopf stieg und sie ungewöhnlich viel erzählte. Die Aufmerksamkeiten des Lehrers freuten sie, und seine allzu anzüglichen Reden, die sie ihm zwar aus Rücksicht auf die anwesenden Schülerinnen verwies, waren für sie, wie der ganze Abend, eine gerechte Bestrafung ihres so uncharmanten Ehemanns.

Später wurde getanzt. Der Lehrer hatte reihum die Mädchen aufzufordern, die sonst in Ermangelung männlicher Partner miteinander tanzten und dabei voll Übermut innig verliebte Paare spielten.

Eine Stunde vor Mitternacht schlug der Lehrer der jungen Frau vor, mit ihm ins Dorf zu fahren, und da Ev bei einer Mitschülerin übernachten und erst am nächsten Tag nach Hause kommen wollte, gab Yvonne widerstrebend nach.

Ihr gefiel es mittlerweile, inmitten der Mädchen zu sitzen, sich wie selten ihrer Schönheit bewußt zu sein, das gerötete Gesicht des Lehrers neben sich, der auf sie einredete und ihre Schultern berührte oder ihr, mit den Schülerinnen tanzend, Blicke zuwarf, die seine Zerrissenheit zwischen Lehrerpflicht und Mannesneigung beklagten; ihr gefiel selbst sein Raucheratem, und vor allem freute es sie, für diesen einen Abend von daheim weggelaufen zu sein; sie war glücklich und hatte Lust, sich zu betrinken. Unter dem Gelächter der Schülerinnen und ihren zweideutigen Bemerkungen verließ das Paar den Gastraum.

Hermann Weiprecht, der Lehrer, wohnte seit acht Jahren in dem Dorf, in das er seiner Bienenstöcke wegen gezogen war, die ihm, wie seine Biographie bedingt ausweisen konnte, weit wichtiger waren als eine berufliche Karriere. Wie es hieß, hatte er nämlich nach dem in Leipzig glänzend absolvierten Studium der Germanistik ein ebenso glänzendes Verlagsangebot ausgeschlagen, um als einfacher Deutschlehrer zu arbeiten, was bei seinen Kommilitonen Verwunderung auslöste, zumal er sich während des Studiums äußerst gewandt, um nicht zu sagen opportunistisch verhalten hatte, und die Vermutung, sein Gang an die Basis, wie man in dieser Zeit an den lehrausbildenden Fakultäten der Universität die Schulen bezeichnete, sei ein ausgeklügelter Schachzug, der ihn sicherer oder gar schneller zu den goldenen Krippen der Wissenschaft führen sollte.

So war es um so erstaunlicher, daß er nach drei Jahren aus der Bezirksstadt versetzt, und zwar aus Gründen, die man mit dem Wort Faulheit nicht umfassend, dennoch zutreffend beschreiben kann, und nach dem Verlauf weiterer fünf Jahre von der Funktion eines stellvertretenden Direktors entbunden wurde, so daß die Wissenschaft sich kaum noch Hoffnung bezüglich ihres einst so begabten Adjunkten machen konnte. Zu dieser Zeit begann er, Bienenvölker zu halten, wechselte, wie bereits erwähnt, ihretwegen den Wohnsitz, befleißigte sich eines ironisch-distanzierten Umgangstones gegenüber seinen Kollegen, der ihn vor einer das notwendige Maß überschreitenden Zusammenarbeit bewahren sollte, und begnügte sich, wie es schien, damit, von den Mädchen und Jungen der höheren Klassen schwärmerisch bewundert zu werden oder vielmehr von den an der Grammatik und der deutschen Literatur interessierten Jugendlichen, denn unbarmherzig wies er die leistungsschwachen oder gleichgültigen Schüler unter dem donnernden Gelächter seiner Lieblinge auf all ihre Fehler und Kenntnislücken, was ihn für die Wissenden und Unwissenden der Klassen, wenn auch aus sehr gegensätzlicher Ursache, gottähnlich machte.

Er selbst hielt sich eher für einen tragischen Helden, einen jungen Adler, dem die Götter mit ihren verheerenden Erfindungen, dem Weib und dem Alkohol, die Schwingen beschnitten, jedenfalls äußerte er sich so einem ehemaligen Studienkollegen und jetzigen Professor an der Akademie zu Berlin gegenüber, der ihn zweimal im Jahr aufsuchte, wobei die Freunde, ein Dutzend Weinflaschen leerend, sich ein Wochenende lang der vergangenen Zeiten erinnerten, die gegenwärtigen beklagten, die für hochfliegende Pläne so wenig Raum ließen, auch weitreichende staatspolitische Konzeptionen erörterten, geeignet, die Freiheit des Individuums und den ewigen Frieden zu befördern, und gelegentlich mit Sentiment dem Ende der deutschen Literatur nachsannen.

Gegen ein Uhr nachts traf Yvonne, am ganzen Körper zitternd und außer Atem, doch augenscheinlich ernüchtert, zu Hause ein. Ängstlich bemüht, Geräusche zu vermeiden, ging sie in ihr Schlafzimmer, wo sie erleichtert feststellte, daß ihr Mann noch immer in einem der Viehställe sein mußte. Sie zog sich aus, wusch sich gründlich und legte sich schlafen.

Sawetzki, den der Stiefvater zwei Stunden zuvor benachrichtigt hatte, daß das Kalben unmittelbar bevorstehe, hockte zu dieser Zeit auf einem Melkschemel im Stall von Karl Welsch; und während dieser das neu geborene Stierchen abrieb und zwischendurch zu der noch brüllenden Kuh ging, begütigend auf sie einre-

dete und das argwöhnisch nach seinem Kalb Ausschau
haltende Tier, das beunruhigt seinen Kopf hin und her
warf und nach ihm blökte, zwischen Hals und Wider-
rist kraulte und flüsternd lobte, auch mit den anderen
Rindern sprach, die, von den Ereignissen geweckt,
sich erhoben hatten und träge ihre schweren Köpfe
zum Ort des Geschehens drehten, saß Sawetzki, der
sich notdürftig nach der Geburt des Kalbes gereinigt
hatte und nun auf den Stiefvater wartete, in dem
trüben Licht der Stallampe gegen die Wand gelehnt,
einen Arm auf den verrosteten Mistlift gestützt, und
rauchte und schlief. Die Zigarette, zwischen Daumen
und Zeigefinger geklemmt, drohte jeden Augenblick
herunterzufallen und wurde von Sawetzki nur zum
Mund geführt, wenn ein Geräusch in seinen Halb-
schlaf drang; als die Glut die bräunliche Hornhaut des
Daumens versengte, schnippte er die Zigarette auf den
Boden und zertrat sie, ohne die Augen zu öffnen.

Nachdem Karl Welsch Kuh und Kalb versorgt hatte,
das junge Stierkalb war im Koben untergebracht, mit
einigen Brettern von dem älteren Jungtier getrennt,
weckte er den Stiefsohn, löschte das Licht und verschloß die Stalltür.

Die Männer schlurften hintereinander den Feldweg
zum Dorf entlang, sie liefen beide vornübergebeugt,
und ihre Köpfe schaukelten mit jedem Schritt; sie
waren einander vor Müdigkeit so ähnlich, daß man
einen für des anderen Schatten halten konnte. Langsam
gingen sie in der Dunkelheit nach Hause, zufrieden
und voll Sorge.

Das Unglück geschah am Sonntagmorgen. Bereits am
späten Nachmittag erschien die Kriminalpolizei, vom

Vorsitzenden der Genossenschaft benachrichtigt, besichtigte den Unfallort und vernahm im Büro die Leitungsmitglieder und verantwortlichen Brigadiers. Nach zwei Stunden beendeten die Beamten die Untersuchung und fuhren zurück, nicht ohne den Vorsitzenden darüber informiert zu haben, daß man sich nach ihrer vorläufigen Ansicht in diesem Fall keineswegs auf höhere Gewalt berufen könne, vielmehr mit einer Strafanzeige wegen grober Fahrlässigkeit zu rechnen habe.

Um acht Uhr früh war Sawetzki, der sich zu dieser Zeit noch im Bett befunden und mit seinem Kind gespielt hatte, von einer Frau seiner Brigade darüber informiert worden, daß sich auf einer Kuhkoppel Schreckliches ereignet habe und er umgehend zu den Wetzker-Wiesen kommen möchte.

Sei es, daß die Frau zu aufgeregt war, um weitere Auskunft geben zu können, oder selbst nur unzureichend informiert war, es waren keine gründlicheren Erklärungen von ihr zu erhalten, und sie wiederholte lediglich, daß Sawetzki dringend erwartet werde.

Als der Brigadier, der sich rasch angezogen und hastig eine Tasse Kaffee hinuntergeschlürft hatte, vor das Haus trat, in einer Hand ein angebissenes Brötchen und mit der anderen noch die Jacke zuknöpfend, blieb er für einen Augenblick stehen und betrachtete den Hof, der mit einer leichten Schneedecke überzogen war. Dann warf er den Rest des Brötchens mit einer weitausholenden Bewegung auf den Boden, fluchte und rannte los.

Der frische Neuschnee knirschte unter den Sohlen seiner Stiefel.

Erst als er die Anhöhe erreicht hatte, von der man die

Wetzker-Wiesen bis zum Bahndamm sehen konnte, blieb er stehen, um zu Atem zu kommen.

Den Anblick, der sich ihm bot, bezeichnete er in der Vernehmung als den eines Schlachtfeldes: in der Nähe des Gleises lagen und standen Kühe, der Schnee rund um eine haltende Güterzuglokomotive war blutigrot gefärbt, das zuckende Blaulicht eines Rettungswagens mischte sich mit dem Glitzern der Schneekristalle, das Blöken der Rinder übertönte jede menschliche Stimme und die Geräusche der Motoren.

Zwischen den toten und verletzten Tieren bemühten sich Paul Jastram und einige Männer des Dorfes, die gesunden Tiere zusammenzutreiben, die, vom Blutgeruch und dem Schicksal ihrer Gefährten erregt, immer wieder vom Unfallort weggaloppierten, um nach wenigen Metern, beruhigt von der Anwesenheit der Menschen, stehenzubleiben und zurückzukehren.

Die Frauen aus Jastrams Brigade standen, eingewikkelt in ihre Mäntel, um die toten Tiere und heulten.

Mehrere uniformierte Bahnbeamte, die in der Nähe der Lokomotive den Transport eines offenbar verletzten Kollegen durch das Personal des Rettungswagens verfolgten, redeten gestikulierend auf die Genossenschaftsbauern ein, klopften mit der Schuhspitze an verschiedene Teile der Dampflok und wiesen wiederholt einander ihre Armbanduhren vor. Einem soeben ankommenden Auto entstieg der für das Dorf zuständige Fleischer, der in einem Nachbarort eine Schlächterei führte und den man telefonisch von der erforderlichen Notschlachtung unterrichtet hatte. Eine schwere Gummischürze, die ihm vom Hals bis zu den Schuhen reichte und die er bereits vor Antritt der Fahrt umgebunden hatte, gab dem mit den Schlächterwerkzeugen

Näherkommenden das martialische Aussehen und die automatenhaften Bewegungen eines Golems.

Wie von Sawetzki befürchtet, war der für diesen Landstrich ungewöhnlich frühe Schneefall die Ursache oder, da dieser Terminus von der Polizeibehörde später korrigiert wurde und statt dessen »auslösendes Moment« ins Protokoll gesetzt wurde, war also Ursache oder Anlaß des Unglücks.

Die Kühe, die von der veränderten Landschaft am Morgen überrascht worden waren und sich auf ihrer von einer lockeren Schneedecke überzogenen Weide nicht zurechtfanden, waren in Panik geraten, hatten den elektrischen Koppelzaun überrannt, wobei eine Kuh, zurückschreckend vor dem leichten Stromstoß der Drähte und niedergestoßen von der wildgewordenen Herde, verendet war. Die Kühe waren weitergerast in Richtung des Bahndammes und hatten, wie der Zugführer später zu Protokoll gab – er erlitt bei der heftigen Zugbremsung einen Rippenbruch und verschiedene Quetschungen, konnte aber noch am Unfalltag aus dem Kreiskrankenhaus entlassen werden –, angesichts des ihnen den Weg versperrenden Zuges ihre Richtung geändert und waren nach Süden abgebogen, fast als seien sie von einem unsichtbaren Strom des dahindonnernden Güterzuges mitgerissen worden.

Der Zugführer hatte das Bremsmanöver, wie der Kriminalpolizei unanfechtbar von dem Lokomotivpersonal und den vorgesetzten Bahnbeamten bewiesen wurde, beim ersten Erkennen der Gefahr eingeleitet, konnte jedoch den Güterzug nicht rechzeitig zum Stehen bringen, so daß er die Tiere erfaßte, die sich, so formulierte der Lokführer in seiner Aussage, wie Selbstmörder vor den Zug geworfen hätten, vielleicht in der unsinnigen Hoffnung, sofern man Tieren dieses zugestehen darf, wenige Meter, ja, wenige Zentimeter vor dem fauchenden Eisenkoloß den Bahndamm überschreiten zu können. Der Zug schleifte die Kühe mit, andere, die im panischen Galopp nachdrängten und gegen Lokomotive und nachfolgende Hänger seitlich anstürmten, wurden im gleichen Augenblick und mit Macht von der Maschine zurückgeworfen, so daß sie, gleich ob verletzt oder nicht, benommen liegenblieben.

Es waren, die Notschlachtungen mitgerechnete, siebenundzwanzig Milchkühe, die die Genossenschaft verlor, wozu noch die Schadenersatzforderungen der Reichsbahn kamen und die drei Monate später von einem Gericht auferlegte Geldstrafe.

Als die unverletzten Tiere ins Dorf getrieben waren und die Bauern stumm den Hantierungen des Fleischers zusahen und weniger stumm sich die Vorwürfe der Bahnbeamten anhörten, ging Paul Jastram zu Gotthold Sawetzki und sagte, wobei er seltsamerweise lächelte, nun könne er, Sawetzki, den Kuhstall behalten, er benötige ihn nicht; um seine Kühe werde sich die Freibank sorgen.

Am Nachmittag wurde Sawetzki in das Genossenschaftsbüro gerufen, wo er, wie auch der Vorsitzende, der Parteisekretär, der Buchhalter und die anderen Brigadiers der Tierproduktion, anfangs allein, später mit allen zusammen, von zwei Männern der Kriminalpolizei zum Unglück befragt wurde und unter zwei Protokolle schließlich seinen Namen zu setzen hatte.

Nachdem die Beamten aus der Stadt die Vernehmungen beendet hatten und abgefahren waren, bat der Vorsitzende die noch anwesenden Männer, die bedrückt von den Ereignissen des Tages, nur spärlich und unbeholfen auf die Fragen der Polizisten geantwortet hatten, dazubleiben, denn man habe vielleicht über das amtliche Protokoll hinaus einiges zu bereden und festzulegen.

Der Parteisekretär, der den Männern der Kriminalpolizei berichtet hatte, daß er über die dem Fall zugrunde liegenden Faktoren nicht ausreichend informiert sei, zumindest seien ihm die möglichen und inzwischen eingetretenen Folgen verschwiegen, wenn nicht gar verheimlicht worden, wobei er hinzufügte, daß gewisse pragmatische Leitungsmethoden immer häufiger dazu führten, sogenannte Sachfragen unter Umgehung des Parteiarbeiters lösen zu wollen, sagte, daß es dem Gedeihen der Genossenschaft dienlicher gewesen wäre, gewisse Festlegungen vor der Hochzeit zu treffen, denn bei allem Respekt vor den Genossen der Kriminalpolizei, es sei, als er noch seinen Hof besaß, einer seiner Grundsätze gewesen, so gut und so lange zu arbeiten, daß Steuer, Polizei und Gerichtsvollzieher seinen Hof nicht betreten.

Friederich Allermann, der Brigadier der Mastrinderbrigade, eben jener, der vierzehn Tage zuvor die illegal in seine Ställe umgesetzten Jungtiere in der gleichen Nacht und ebenso konspirativ zurückgeführt hatte, sagte, da scheinbar keiner der Anwesenden gewillt war, auf die Vorwürfe des Parteisekretärs einzugehen, das Nächstliegende sei es wohl, die Versicherung zu benachrichtigen und sie zu einer Schadenersatzleistung aufzufordern, denn es wäre nicht ungewöhnlich, Rinder bis in den späten November auf der Koppel zu lassen, zumal man hierzulande mit Schneefall erst Ende oder Mitte Dezember zu rechnen habe, folglich außergewöhnliche Umstände, die vorauszusehen selbst die Wissenschaft heute noch nicht in ausreichendem Maße in der Lage sei, das Unglück herbeiführten; somit sei möglicherweise nicht sehr umsichtig, aber auch nicht ausdrücklich gegen die schriftlich fixierten Bestimmungen der Versicherung gehandelt worden. Bei einem entgegenkommenden Verhalten der Leitung halte er die Hoffnung für berechtigt, daß zumindest der finanzielle Schaden von der Versicherung getragen werde und man sich zur Zeit nur über den Verbleib der übrigen Rinder, womit er die unverletzt gebliebenen meinte, Gedanken machen müsse.

Der Parteisekretär bat ihn zu explizieren, was er unter einem entgegenkommenden Verhalten der Leitung verstehe, ob er diesen Vorschlag auch in Anwesenheit der Genossen der Kriminalpolizei geäußert hätte und wer seiner Meinung nach aus ihrem Kreis dieses Entgegenkommen praktizieren solle, das er als den Versuch einer Bestechung auffasse, also einer erneuten Straftat der Genossenschaft, wobei er völlig davon absehe, welche Gelder der Genosse Allermann dafür zu verwenden gedenke. Es sei, fügte er hinzu, ein schäbiges Bankrotteurverhalten, Rinder, die der Schlachthof abzunehmen nicht bereit sei, gleichsam der Versicherung zu verkaufen.

Allermann wies die Unterstellungen des Parteisekretärs zurück, wollte aber seinen vorherigen Äußerungen nichts hinzufügen.

Der Vorsitzende bat, die zu ergreifenden Vorkehrungen zu bedenken, auch ein Streit könne das Eingetretene nicht rückgängig machen. Er habe bereits an die Versicherungsanstalt in der Kreisstadt geschrieben und den Brief mit einem Boten, seine Lebensgefährtin war in die Stadt gefahren, befördern lassen; er hoffe, schon am folgenden Tag den zuständigen Vertreter bei sich zu sehen, mit dem er ohne illusorische Erwartungen den Verlust besprechen und gegebenenfalls einen Schadenersatzantrag stellen werde. Er lade den Parteisekretär gern dazu ein, um dessen mißtrauische Bedenken zu zerstreuen, die um so haltloser seien, da die Anstalt erfahrungsgemäß nicht mit Geldern um sich werfe und genügend Übung habe, unrechtmäßige Forderungen zu erkennen und abzulehnen. Was ihm in der Tat vordringlich erscheine, und darin stimme er Allermann zu, sei die Unterbringung der nicht oder nur provisorisch eingestellten Kühe, wobei er Paul Jastram ansah, um dessen Ansicht zu hören.

Dieser, der sich den ganzen Nachmittag über kaum geäußert, doch aufmerksam und verbittert die Vernehmungen verfolgt hatte, erklärte kurz und apodiktisch, daß er seine Rinder noch heute in den ihm gehörenden Stall zu bringen gedenke, und fügte auf die Frage Sawetzkis, ob er die Kälber aufs Eisenbahngleis stellen wolle, hinzu, daß im Dorf genügend kleinere, leerstehende Stallungen zu finden seien, die mehr oder weniger verfallen, noch hinlängliche Dienste leisten könnten; er habe jedenfalls einen ausreichenden Tribut gezahlt und sei nicht gewillt, auch nur einen Tag länger zugunsten zweier schlecht arbeitender Brigaden katastrophale Zustände hinzunehmen.

Küstriner mahnte, daß es hier nicht um vereinzelte Interessen und Vorteile gehen könne, denn das Unglück treffe nicht eine einzelne Viehzuchtbrigade, sondern die gesamte Genossenschaft. Deshalb könne keine Rede davon sein, mit ungenügend durchdachten Aktionen neues Unheil heraufzubeschwören.

Jastram erwiderte, nunmehr könne ihn keiner davon abhalten zu nehmen, was ihm zustehe. Seine Schuld bestehe darin, das nicht schon vor einem Monat und notfalls mit Gewalt erzwungen zu haben. Er stand auf, aber Sawetzki hinderte ihn daran, den Raum zu verlassen, indem er sich vor die Tür stellte und ihn aufforderte, erst den Beschluß der Leitung abzuwarten. Jastram drückte den überraschten Sawetzki zur Seite, so daß er auf einen Sessel fiel und mit diesem zu Boden stürzte.

Der Parteisekretär, der den kurzen Tumult als eine Ungezogenheit gegenüber der kollektiven Leitung ansah und gerügt wissen wollte, in seiner Empörung schrie er lauter als der sich fluchend erhebende Sawetzki, wurde vom Vorsitzenden unterbrochen, der, überzeugt, daß Jastram die angedrohten Veränderungen unverzüglich angehen werde, die Anwesenden zu einer schnellen Entscheidung drängte, da man keineswegs nur an Jastram zu denken habe, sondern auch an die Reaktionen, die man bei den Genossenschaftsmitgliedern und den Dorfbewohnern mit allen Entscheidungen auslöse, welche direkt oder entfernt den Vorfall auf den Wetzker-Wiesen tangierten.

Man entschied schließlich, bei Stimmenthaltung des Brigadiers Allermann, der angesichts der Tierkadaver nicht gegen den Entschluß stimmen mochte, daß dieser die Jungtiere zur Mast übernehmen und dafür die kleinen, halbwegs brauchbaren Stallungen nutzen solle; für die nicht unerhebliche Mehrarbeit würden die Mitglieder der Brigaden Tierproduktion im Rahmen sozialistischer Hilfe und entsprechend ihrer Abkömmlichkeit herangezogen.

In der Folgezeit ergab sich jedoch, daß der Grad der

Abkömmlichkeit geringer war als die Bereitschaft, Versprechen und Verpflichtungen abzugeben, so daß dem Vorsitzenden nichts anderes übrigblieb, als drei Wochen lang zehn Stunden im Stall zu arbeiten und einen weiteren Monat in den Nachmittags- und Abendstunden seiner Leitungstätigkeit nachzugehen.

Noch am selben Abend wurden die Tiere entsprechend der Festlegung umgesetzt. Die Ställe waren überfüllt wie zuvor, jedenfalls sagte Sawetzki, als der Stiefvater bei der entstandenen Betriebsamkeit hoffte, das ältere seiner beiden Kälber loszuwerden, das noch immer das Budget seines Kuhstalles wider Gepflogenheit und Ordnung belastete, er solle sich gedulden, es sei kein Platz vorhanden.

Er fügte hinzu, da der Alte verstummte und der schroff vorgetragenen Antwort wegen bekümmert den Kopf hängenließ, er wolle, so oder so, noch in dieser Woche Nägel mit Köpfen machen und schlug dabei mit der Faust auf den Tisch, um das Gespräch endgültig abzuschließen.

Der Vertreter der Versicherung erschien bereits am Montag, ließ sich im Dorf herumführen, heftete ein Schreiben seiner Gesellschaft an das Anschlagbrett der Bürgermeisterei, das die Einwohner aufforderte, ihren Hausrat zu versichern oder neu einschätzen zu lassen, wobei einige ausgewählte, tragische Schicksale die Folgen einer fehlenden oder nicht ausreichenden Versicherung drastisch verdeutlichten, und verabschiedete sich schließlich nach einer üppigen Mahlzeit, die er im Hause Küstriners vorgesetzt bekam, mit der abschlägigen Bemerkung, daß man der Genossenschaft nicht behilflich sein könne, denn Schneefall sei in dieser Jahreszeit voraussehbar.

In der Nacht zum Donnerstag wurde Maria Welsch vom röchelnden Atem ihres Mannes geweckt. Sie glaubte, daß es mit ihm zu Ende gehe, und weckte ihre beiden Kinder. Gemeinsam betteten sie den Alten hoch, und die Bäuerin gab ihm eine Spritze, die sie bei früherer Gelegenheit von der Krankenschwester erhalten hatte. Da Ev nur widerwillig half, es war ihr unangenehm, den alten, schlaffen Körper ihres Vaters anzufassen, und ihre Unlust allzu deutlich bekundete, fuhr ihre Mutter sie heftig an. Ev gab eine schnippische Antwort, worauf Gotthold ihr eine Ohrfeige versetzte und das maulende Mädchen ins Bett schickte.

Mit der Mutter setzte er sich vor den schlafenden Karl Welsch, und schweigend achteten sie auf die Bewegungen des Alten, dessen Atem leiser und flacher wurde. Seine Brust, die wie ein Blasebalg auf und nieder gegangen war, beruhigte sich, und nach einigen Minuten, in denen er lautlos atmete und seine Frau mehrmals seinen Puls ertastete, begann er zur Erleichterung der beiden zu schnarchen.

Die Wand hinter dem Bett war übersät mit Bibelsprüchen, Kruzifixen und den kleinen Landschaftsbildern, die die Bäuerin in ihrer Jugend gemalt hatte. Eine mit Sternchen beklebte Kerze, die sie in ihrer ersten Angst entzündet hatte, brannte rußend und flakkernd, und der Geruch des verbrennenden Wachses mischte sich mit dem schweren Kampferdunst.

Der Bauer saß gegen das eiserne Bettgestell gelehnt, seine Haare waren feucht, und auf der Stirn bildeten sich kleine Schweißtropfen; er schlief tief und ruhig. Mutter und Sohn saßen ihm gegenüber und blickten, während sie sich leise unterhielten, auf das schlaffe, stoppelbärtige Gesicht. Die Frau beklagte das Älterwerden und sprach über den vermißten Vater Sawetzkis, sie berichtete von ihrem ersten Zusammentreffen, den verhaltenen Gesprächen des Kennenlernens, von ihrer Verlobung und den Jahren bis zur Hochzeit und dem Krieg. Es waren die in ihrer Erinnerung bewahrten Gesten und Sätze, unabhängig von dem Mann, der sie geäußert hatte und inzwischen wohl tot war, von ihm gelöst in dem Moment, da sie sich ihr einprägten und ihr für immer das Bild dieses Mannes gaben.

Sawetzki hörte der alten Frau mit Zärtlichkeit zu, und sie spürte, wenn er sich auch wie gewöhnlich an dem Gespräch nur spärlich beteiligte, seine Aufmerksamkeit und Zuwendung, und als er auf den nächsten Arbeitstag verwies und darauf drängte, zu Bett zu gehen, strich sie ihm dankbar übers Haar, was er sich nicht nur gefallen ließ, er senkte sogar wie zufällig seinen Kopf, um es der kleinen Frau zu erleichtern.

Nachdem er das Schlafzimmer der Eltern verlassen hatte, legte sie sich neben ihren im Sitzen schlafenden Mann und gab sich der glücklichen Hoffnung hin, daß ihr Großer, der so geduldig dem Redeschwall eines alten Weibes zugehört hatte, künftig aufmerksamer und sensibler auf seine Frau eingehen werde, dann nämlich, wenn die übergroßen Belastungen der Arbeit einem geregelten Tagesablauf weichen und die Selbstdisziplin und Härte des Jungen seinem Humor und der Freundlichkeit seiner Jugend Platz gewähren würden. Sie hoffte es Yvonnes wegen, die sie in ihr Herz geschlossen hatte an dem Tage, da Gotthold sie zum ersten Mal ins Haus der Eltern mitbrachte.

Das Mädchen hatte sich damals kaum an den Tisch gesetzt, als sie eine Kanne Kakao umstieß, und während alle für einen Moment betroffen zusahen, wie sich das dickflüssige Getränk über das weiße Tischtuch ergoß, lachte sie vergnügt auf über ihr Mißgeschick. Die Mutter begriff augenblicklich, daß diese betörend schöne Frau arglos wie ein Kind und ebenso verletzbar war, und verwundert spürte sie das überraschende Gefühl, dieses Mädchen berühren und streicheln zu wollen. Jener Verwirrung war eine beständige Zuneigung gefolgt und, als das Zerwürfnis der jungen Leute sich verfestigte, ein von Yvonne ärgerlich zurückgewiesenes Mitleid.

Am Mittag des 4. Dezember erschien Sawetzki, gefolgt von Karl Welsch, im Büro der Genossenschaftsleitung. Er zerrte das Kalb hinter sich her, das er aus dem Stall des Stiefvaters geholt hatte, und forderte von Otto Küstriner die Umsetzung des Tieres oder die Genehmigung, es privat zu kaufen und zu schlachten; der Färsenstall könne es nicht übernehmen, andererseits sei es über die Zeit in der Pflege seines Stiefvaters, was er aus Sorge um dessen Gesundheit nicht weiter dulden dürfe und wolle.

Der Vorsitzende, der bei diesen Worten Karl Welsch ansah und bemerkte, daß diesem der Auftritt lästig, wenn nicht gar unangenehm, auf keinen Fall aber erwünscht war, erwiderte mit einem leichten Lächeln, er werde all seine Zeit nur noch der Einstallung dieses Kälbchens widmen, derweil möge man es getrost zu seiner Mutter bringen, er fürchte, es werde in seinem Büro nicht die gewünschte Nahrung finden. Ein privater Verkauf käme nicht in Betracht. Das Tier sei in bester Verfassung, könne somit keinesfalls als Kümmerling gelten, der in Sawetzkis Fleischtöpfen besser aufgehoben sei. Zudem genehmige der Bürgermeister seit einigen Wochen keine Hofschlachtungen, da das Dorf das betreffende Kontingent schon zur Jahresmitte überzogen hatte und die notdürftig bemäntelten Schwarzschlachtungen nicht mehr zu decken seien.

Sawetzki, um einen gleich freundlichen Ton bemüht, wiederholte wörtlich seine Forderung, wobei deutlicher als zuvor erkennbar wurde, daß er seine Rede einstudiert, zumindest sich darauf vorbereitet hatte, und die Lächerlichkeit der Szene wurde allein durch die bedrohliche Gleichförmigkeit des Vortragenden gemildert.

Irritiert von dem Auftritt mit dem Tier versuchte Küstriner, Beweggründe und Folgerungen der beiden Männer zu ergründen, um schließlich, verärgert über die außergewöhnliche Störung wie über die Nutzlosigkeit seiner Überlegungen, auf sofortige Entfernung des Kalbes aus seinem Arbeitszimmer zu drängen. Er fügte noch hinzu, wie er später geradezu beschwor, daß er die Umsetzung dieses Kalbes in den nächsten Tagen veranlassen werde.

Erstaunt war er, daß Sawetzki mit dem Kalb, gefolgt von Karl Welsch, sein Büro unverzüglich verließ, da er in den Jahren seiner Leitungstätigkeit auf die Widerstände der Bauern gegenüber jeder seiner Forderungen eingestellt war, und er betonte in der nachfolgenden Parteileitungssitzung, daß er den Worten Sawetzkis, nämlich dem beim Hinausgehen geäußerten Satz: Dann sei es zuviel, selbstverständlich keine außergewöhnliche Bedeutung beigemessen habe.

Jedenfalls erschienen die beiden Männer im strömenden Dezemberregen, unmittelbar nachdem sie das Zimmer des Genossenschaftsvorsitzenden verlassen hatten, vor seinem Fenster, was er, Küstriner, nicht bemerkte, worauf ihn aber seine Sekretärin aufmerksam machte. Er sei daraufhin zum Fenster gegangen und sah, daß Sawetzki außer dem Strick des Kalbes, Beil, Messer und Spaten bei sich trug, welche dieser vor seinem Auftritt im Büro wohl vor der Haustür abgelegt haben müsse, was auf eine geplante Handlung, wenn nicht gar Demonstration hinweise. Sein Stiefvater habe erregte auf ihn eingeredet, um ihn, wie er vermute, da er durch das geschlossene Fenster nichts hören konnte, von seinem Vorhaben abzubringen, und ihn am Arm festgehalten. Noch bevor er aber selbst das Fenster aufreißen konnte, um Sawetzki über den sonderbaren Auftritt zu befragen, habe dieser durch einen Schlag mit der stumpfen Seite des Beils das Kalb betäubt und es mit zwei darauffolgenden Messerstichen getötet. Das Kalb war also, als er endlich das Fenster geöffnet hatte, bereits tot, und er habe Sawetzki angebrüllt, mörderisch beschimpft müsse er ihn haben, jedenfalls berichtete ihm das seine Sekretärin, er selbst erinnere sich an kein Wort.

Sawetzki habe dann eine Grube ausgehoben, unbekümmert vom Geschrei Küstriners und dem Gejammer des Alten, der ihn und das erstochene Kalb hilflos umkreiste und beständig unter seiner Nase den Regen oder Rotz wegwischte, das Kalb hineingeschleift und mit Erde überdeckt. Bei seinem Treiben habe er keinen einzigen Blick auf ihn, den Vorsitzenden, oder auf seinen Stiefvater geworfen, er erschien ihm aber keineswegs unglücklich, er habe, wenngleich er keine Hand dafür ins Feuer legen wolle, vielmehr gegrinst.

Den Vorwurf, daß der Vorsitzende der Genossenschaft seelenruhig hinter dem Fenster der mutwilligen Schädigung genossenschaftlichen Eigentums zugesehen habe, müsse er zurückweisen. Er habe keine Möglichkeit gesehen einzugreifen. Die Tat war bereits geschehen, und er, das gestehe er, wollte dem Rasenden beim Vergraben des Tierkadavers nicht in den Arm fallen, da er sich im unklaren über dessen Geisteszustand und dieser noch immer mit Spaten, Beil und Messer bewaffnet war. Sawetzki habe anschließend sein Werkzeug aufgenommen und ruhig das von ihm aufgeworfene Kalbsgrab verlassen, um dem erschreckten Stiefvater zu folgen, der bereits nach Hause geeilt war.

Maria Welsch humpelte, kaum daß ihr Mann sie hinlänglich über das Vorgefallene informiert hatte, in den Kindergarten, um Yvonne nach Hause zu holen, denn sie vermutete, daß ihr Sohn nach der Tat die Anwesenheit der Familie nicht nur nicht ablehnen, sondern benötigen würde.

Ihre Eile erweise sich als überflüssig und beraubte sie zudem einer Illusion; überflüssig, weil ihr Sohn lediglich nach Hause kam, um das Schlächterwerkzeug zu verstauen, und dann zu seiner Brigade ging, so daß die Frauen, die mit ihm in den Ställen beschäftigt waren und erst am Abend Bericht von der Tötung des Kalbes erhielten, anfänglich alles als Geschwätz abtaten.

Demütigend für Maria Welsch aber war ihr Schritt insofern, da sie, auf der Suche nach Yvonne durch den in der Mittagszeit stillen Kindergarten eilend, zum Aufenthaltsraum der Erzieherin gekommen war, die Tür, die, weil ein zugehöriger Schlüssel fehlte, nicht abgeschlossen, jedoch mit einem Tisch verstellt war, heftig aufstieß und auf zwei zusammengeschobenen Kinderliegen ihre Schwiegertochter mit Evs Klassenlehrer angetroffen hatte.

Yvonne saß rittlings auf dem Lehrer und wurde von diesem auf das Erscheinen ihrer Schwiegermutter aufmerksam gemacht. Die kleine, atemlose Bäuerin starrte auf schwere Brüste, auf einen sich streckenden Hals, ohne zu begreifen, was sie sah, und erst als sie in Yvonnes Augen blickte, von denen sie hochmütig gemustert wurde, fühlte sie eine heiße Welle durch ihren Körper schäumen, und ihr Erscheinen entlud sich in einem dumpfen Schluckauf. Dann floh sie hinkend und die Hände auf das Herz gepreßt aus dem Zimmer und aus dem Haus. Auf der Dorfstraße blieb sie stehen und sagte laut zu sich: Bist alt genug, Trine, Wenn dich die Kinder nicht vergessen, solltest du zufrieden sein.

Auf einer Sitzung der Parteileitung, zu der man Sawetzki geladen hatte, um von ihm Auskunft über seine verwunderliche Tat zu erhalten – auf Befragen erklärte er lediglich, er habe das Kalb erstochen oder vielmehr hingerichtet, um der barbarischen Fruchtbarkeit der Kühe Einhalt zu gebieten, derer das Dorf sich kaum erwehren könne, und im übrigen verwies er auf die Hilflosigkeit des Vorsitzenden bezüglich der Unterbringung des Kalbes, weshalb er seinen Entschluß unverzüglich ausgeführt habe –, entschied man sich nach einer heftigen Diskussion, während der man Sawetzki bat, den Raum zu verlassen, auf der Ebene der Partei nichts zu unternehmen, sondern dem Vorstand der Genossenschaft zu empfehlen, eine dem Wert eines Kalbes entsprechende Geldsumme von Sawetzkis Jahresauszahlung abzusetzen und der Sache weiter keine übertriebene Beachtung zu schenken.
Zwei Überlegungen des Parteisekretärs wurden zu-

rückgewiesen, da es sich einerseits aus Mangel an ausreichend qualifizierten Fachleuten verbot, Sawetzki seiner Funktion zu entheben, andererseits Otto Küstriner lebhaft dem Antrag widersprach, ihn einem Psychiater vorzuführen. Er habe eine ähnliche Vermutung gehegt, sie aber in der darauf folgenden Zeit verwerfen müssen, denn Sawetzki arbeite mit der gleichen Umsicht und Beständigkeit wie zuvor, so daß seiner Ansicht nach die Konsultation eines Facharztes allenfalls die Feststellung einer vorübergehenden Geistesschwäche, ansonsten aber keinen Befund ergeben würde. Er sei nicht bereit, eines toten Kalbes wegen ein Genossenschaftsmitglied für blöd erklären zu lassen. Eine Parteistrafe wurde einstimmig als unangemessen abgelehnt.

Der Vorstand der Genossenschaft, dem neben den Mitgliedern der Parteileitung noch zwei weitere Bauern angehörten, begrüßte sechs Tage später die Empfehlung der Parteileitung und erhob sie zum Beschluß. Nachdrücklich betonte man, den Vorfall als abgeschlossen anzusehen und ihm ferner keine Aufmerksamkeit widmen zu wollen.

Für einen Teil der Dorfbevölkerung war das tote Kalb nämlich noch immer ein Gegenstand lebhaften Interesses, wobei der Vorstand sich darüber im klaren war, daß die Anwesenheit einer gewissen Person, der Verkäuferin im Dorfkonsum, diesen Dorfklatsch begünstigte. Diese Frau, die vor dreißig Jahren aus Schlesien ausgesiedelt worden war und der die Behörden mit tiefem Unbehagen Papiere mit teilweise fiktiven Zahlen als Ersatz für die verbrannten Dokumente aushändigen mußten, da sie nicht fähig war, amtlich interessierende Auskünfte, wie etwa den Tag ihrer Geburt, anzugeben, wohnte seit dem Kriegsende mit ihrem schwachsinnigen Sohn im Dorf und führte die Verkaufsstelle, in der man neben Lebensmitteln und Waschzubehör auch Siedlerbedarf erwerben konnte. Sie war, wie sie mit hoheitsvoller Gebärde dem Standesbeamten anläßlich ihrer Registrierung in der Kreisstadt gestand, die Tochter eines polnischen Barons, der sie verstoßen hatte, weil sie mit dem jungen Schneider der Mutter ein Verhältnis eingegangen war, das sich durch ihre Schwangerschaft entdeckte, so daß sie ohne jeglichen Beistand – der Schneider heuerte, nachdem er die Peitsche ihres erbosten Vaters zu spüren bekam, auf einem Kohlenschiff an, um nach Amerika zu entfliehen – ihr Kind in einem Vorgarten zur Welt brachte, in einem Dorf, das ihr unbekannt blieb, infolgedessen selbst der Geburtsort des Sohnes behördlich unerfaßbar war, und allein der selbstlosen Hilfe der Gartenbesitzerin war es zu danken, daß Mutter und Kind nicht an jenem fremden Gartenzaun ihr Leben gelassen hatten.

Verdruß bereitete der genossenschaftlichen Leitung weniger das wechselvolle Leben dieser etwa sechzigjährigen Frau, als vielmehr ihre sich im Alter verstärkende Neigung zu einer dem Vorstand unbekannten Sekte, die aus verschiedenartigen Geschehnissen die bevorstehende Errichtung eines Gottesstaates folgerte und Jahr für Jahr ankündigte. Diese Evangelistin nutzte ihre Tätigkeit in dem kleinen, vollgestopften Verkaufsraum für ihren Missionseifer. Der Laden war neben der Bushaltestelle für die Frauen des Dorfes ein natürlicher Umschlagplatz der Ansichten zu den bewegenden Fragen, ein Marktstand der Meinungen, ein Thingplatz der Weiber, der sich in dieser Funktion ergiebiger zeigte als die dumpfe, lärmende Kneipe. Die Baronesse verstand es, den Gesprächen der Frauen die gewünschte religiöse Färbung zu geben, und wenn auch die Einkaufenden nicht von ihrem vorsatzlosen Atheismus oder ihrem ebenso gemächlichen, von den Eltern ererbten Glauben lassen wollten, so war doch der Vorstand der Genossenschaft sich darin einig, daß die alte Hexe, wie man die Umsiedlerin bezeichnete, sich in ihrer Gerüchteküche sehr effektvoll in Szene setzte.

So vermochte sie mit Hilfe einer nicht lückenlosen Beweiskette damit zu beeindrucken, daß sie das Unglück auf den Wetzker-Wiesen vorausgesagt habe. Es war nicht verwunderlich, daß die Schlachtung des Kalbes häufigstes Thema ihrer Predigttexte wurde und der Dorfkonsum gleichsam mit dem Blut des erstochenen Tieres durchtränkt war, wobei sie vor allen Dingen den schwangeren oder gebärwilligen Frauen des Ortes empfahl, jene Stelle zu meiden, wo Sawetzki den Kadaver begraben hatte.

Ein anderer Vorfall gab weiteren Anlaß, Sawetzkis mutwilligen Streich nicht sobald zu vergessen, wenngleich er mehr Gelächter und Spott erregte als die Furcht der Frauen: ein junges Mädchen, welches am Abend aus der Kreisstadt zurückkehrte, wo es die Oberschule besuchte, war auf dem Weg von der Bushaltestelle zum Haus seiner Eltern von zwei unkenntlichen Gestalten gerade über jenem Tiergrab in den Schnee geworfen und von den Vermummten, die dabei wie Kühe blökten, grob an Brüsten und Schenkeln betastet worden.

Die erschrockene Schülerin erzählte es unter lautem Weinen ihren Eltern, woraufhin der Vater ihr unvermittelt zwei Ohrfeigen erteilte und über einen Monat lang sich an jenen Tagen, an denen seine Tochter erst nach Einbruch der Dunkelheit aus der Stadt zurückkam, mit einer behördlich nicht registrierten Eulenflinte in der Nähe des Genossenschaftsbüros in einen Hinterhalt legte, um einen erneuten Überfall zu vereiteln und die Tochter zu rächen. Jedoch lauerte er vergeblich, da die Dorfbewohner, und somit auch die beiden Übeltäter, bald über die Schießwut des Bauern informiert waren und sich gelegentlich nach seinen Jagderfolgen erkundigten.

Sawetzki verrichtete in den folgenden Monaten zur Zufriedenheit der Genossenschaft seine Arbeit. Ungewöhnliches fiel selbst jenen nicht auf, die seiner Eignung als Brigadier oder der Gesundheit seines Geistes mißtrauten.

Durch umfangreiche Futtereinkäufe in weit entlegenen Genossenschaften – man hatte einen Kredit beantragt und sich hoch verschuldet, denn die für das laufende Jahr berechneten Futtermengen und die nicht unerheblichen Transportkosten erforderten nach Schätzung des Buchhalters die zusätzliche Bereitstellung einer sechsstelligen Summe – normalisierte sich langsam die Situation, so daß die Ereignisse und der Ärger des Vorjahres kaum noch erwähnt wurden.

Ein später Rechtfertigungsversuch Sawetzkis traf bereits auf Desinteresse. Uneingeladen war er in eine Vorstandssitzung gegangen und wollte vor der Leitung der Genossenschaft nochmals über die ihn damals bewegenden Gründe sprechen. Mit hektisch geröteten Wangen stand er im Zimmer und begann zu stottern, als er bemerkte, wie erheiternd er auf die tagenden

Männer wirkte, die sein Verlangen als eine angenehme Unterbrechung ihrer Beratung über die aktuellen Probleme der Genossenschaft empfanden, und er verließ schließlich beschämt den Raum trotz der formal bekundeten Bereitschaft der Versammelten, ihn anzuhören.

Mit Yvonne sprach er kaum noch und überließ ihr gänzlich die Betreuung und Pflege des Kindes, die heftigen Auftritte in der Wohnung des jungen Paares wurden aber seltener.

Im August war Sawetzki allein nach Bulgarien gefahren. Zwei Tage vor der erwarteten Rückkehr erschienen drei Polizeibeamte in Zivil und führten in Anwesenheit der verängstigten Mutter und einer herbeigeholten Nachbarin in den von ihrem Sohn bewohnten Räumen eine Hausdurchsuchung durch.

Die Beamten gaben keinerlei Auskünfte, baten jedoch die Eltern und die Ehefrau von Gotthold Sawetzki zum Kreisgericht, wo ihnen in einer Vernehmung erklärt wurde, daß der Genossenschaftsbauer Sawetzki von bulgarischen Grenzbeamten festgenommen und wegen des Versuches, illegal die Landesgrenze zur Türkei zu überschreiten, den deutschen Behörden übergeben worden sei.

Die Gerichtsverhandlung war im Oktober. Sawetzki wurde zu zwei Jahren Gefängnis verurteilt, der Parteiausschluß erfolgte drei Tage später.

Auf Antrag Yvonnes wurde er im Februar des folgenden Jahres von seiner Frau geschieden – sie begründete ihren Antrag nicht mit der von ihm begangenen Straftat, sondern mit der in den Ehejahren gewachsenen Entfremdung der Partner –, und acht

70

Monate danach, im Oktober des Jahres 1974, wurde er, ohne sein Kind oder das Dorf noch einmal gesehen zu haben in die Bundesrepublik Deutschland abgeschoben.

Seine Mutter hatte er zehn Tage zuvor im Besucherraum des Gefängnisses gesprochen; zu dieser Zeit wußten beide nicht, daß er bereits wenig später vorzeitig aus der Haft entlassen und seinem Gesuch um Ausreise stattgegeben würde.

Zwei Jahre danach sah er seine Mutter wieder. Er war inzwischen Vertreter einer hessischen Kerzenfabrik geworden. Das Angebot, in der Viehzucht zu arbeiten, hatte er gegenüber dem Arbeitsamt ebenso brüsk abgelehnt, wie er einen befristeten halbjährigen Lehrauftrag einer Landwirtschaftsschule in Schleswig-Holstein, über Erfahrungen der genossenschaftlichen Produktion zu sprechen, zurückwies.

Er war erneut verheiratet und inzwischen Vater einer kleinen Tochter. Seine Familie war bei seinem drei Tage währenden Besuch im Haus der Mutter nicht mitgekommen, da das Mädchen, wie er sagte, für eine solche Reise noch zu klein sei. In Wahrheit scheute er sich davor, seine Frau in jenes Haus mitzubringen, in dem noch immer Yvonne mit ihrem Sohn wohnte.

Am Abend nach seiner Abreise wollte die Mutter, die ihren Sohn bis zum Dorfausgang begleitet hatte, ihrem Mann, Yvonne und ihrer Tochter Ev am Abendbrottisch erzählen, daß es ihr, während sie dem davonfahrenden Auto des Sohnes nachgeblickt hatte, so vorgekommen wäre, als würde dieses Auto die Landschaft zerschneiden, und sie beide, ihr Sohn und sie, schon weit voneinander entfernt, versänken in diesem Schnitt, und die Horizonte schlügen über ihnen zusammen. Aber sie fürchtete, sich nicht verständlich machen zu können, und fragte lediglich, ob Yvonne es bemerkt habe, daß Gottholds blonder, widerspenstiger Haarschopf sich endlich einer ordentlichen Frisur gefügt hatte.

Ein sächsischer Tartüff

Diese dumme Geschichte, um mit Dostojewski zu sprechen, passierte gerade in jener Zeit, da die Wiedergeburt unseres geliebten Vaterlands mit so unwiderstehlichem Sturm und mit so rührend naivem Drang sich zu vollziehen begann und alle seine wackeren Söhne neuen Zielen zustrebten und sich unverbrauchten Hoffnungen hingaben.

Damals lebte in der Gartensiedlung unserer vom Kriege verwüsteten Stadt ein Mann, von Beruf Eisenbahner, der die unglaubliche Fähigkeit besaß, Holzbohlen bis zu einer Stärke von zwei Zoll mit der Handkante zu spalten, und die Kinder der Umgebung zweifelten nicht daran, daß er ebenso spielend eiserne Ketten und Burgverliese zu zerstören vermochte. Zusammen mit seiner Frau bewohnte er ein bombardiertes Steinhaus, dessen früherer Besitzer nach dem Ende des zweiten Weltkriegs unauffindbar blieb und auf das kein Mensch, jedenfalls solange Kurt Pappke mit seiner Frau Lina in ihm hauste, Besitzansprüche erhob.

Zwei Räume des einst großzügig errichteten Sommersitzes waren noch bewohnbar, doch selbst diese nur bedingt, denn das schwerbeschädigte Haus zerbröckelte weiter, und allein dem handwerklichen Geschick des Mannes war es zu danken, wenn sich sein Giebel noch aufrecht hielt. Er mauerte und zimmerte,

riß Wände ab und errichtete sie erneut in dem unglei-
chen Kampf mit einem lebensmüden Haus.

Und während er muskelbepackt und halbnackt wie
ein antiker Sagengott und schwitzend wie gewöhnli-
che Leute sich mit dem Haus plagte, sorgte sich Lina
Pappke weniger heldisch, doch ebenso emsig um das
Wohl und Gedeihen aller möglichen Kinder. Sie betreute in ihrem Haus verwahrloste und verlassene
Mädchen und Jungen, die von der Fürsorge aus zumeist dramatischen Familienereignissen gerettet und
ihr übergeben wurden, bis die Rechtslage geklärt und
über die Zukunft der Kinder entschieden war.

Das Haus aber bröckelte weiterhin, und nach drei
Jahren des Kampfes schwenkte Kurt Pappke die weiße
Fahne und kapitulierte, was nichts anderes bedeutet,
als daß er sich nach einer standhafteren Wohnstätte
umsah. Nun herrschte nach dem Krieg in unserer
Stadt Mangel an allem, und überreichlich gab es allein
zertrümmerte Wohnungen, und wenn auch Pappke an
allen Türen pochte und sogar zu jenen beiden Stellen
lief, die in grauer Vorzeit unter einem Dach gearbeitet
hatten, mit den Jahren aber ihre Amtsräume so oft
verlegten, daß man nun weite Wege in Kauf nehmen
mußte, um von einer zur anderen zu gelangen, nachdem Kurt Pappke also auch bei Pontius und Pilatus
vorgesprochen hatte und Wohlwollen, Verständnis
und gelegentlich einen Tee, doch keine Wohnung erhielt, setzte er sich an den Küchentisch und schrieb an
die Regierung. Dabei erwies es sich, daß er nicht nur
mit zweizolldicken Holzbohlen umgehen konnte. Aus-
führlich stellte er nämlich die Gefahren dar, die in
dem baufälligen Haus den von Lina Pappke betreuten
Zöglingen drohten, er füllte den Brief mit den vormals

tragischen Schicksalen der Kleinen und den zukünf-
tigen Katastrophen, zeigte dem geistigen Auge der Regierung die unter zusammenfallenden Wänden begra-
benen Kinder, stopfte gewissermaßen den Brief mit
den Klagen und dem Geschrei der Erschlagenen. Ein
Brief also, würdig der Schlachtenbilder unserer Vorvä-
ter, mit Blut und Wunden gespickt wie einige fromme
Kirchenlieder.

Die Regierung war angesichts solchen Grauens ver-
schreckt und wies die städtischen Behörden an, diesem
Jammer ein Ende zu machen und dem Ehepaar eine
weniger gefährliche Behausung anzubieten. Sechs Wochen darauf zog die Familie um in eine unbeschädigte
Wohnung am Stadtrand, drei Zimmer, eins mit Parkett,
Küche und Bad, Gasanschluß in allen Räumen, einige
Dielen durchgefault, Butzenscheiben in der Eingangstür, grüner Paneelanstrich im Herrenzimmer, gutbür-
gerlich eben. Eine Organisation, welche die Verfolgten des Naziregimes betreute, hatte die Räume dem
Wohnungsamt zur Verfügung gestellt, da sie einem
Schuster, dem man sie zuvor angeboten hatte, allzu
mangelhaft erschienen waren, und andererseits die Regierung für Herrn Pappke eine Wohnung wünschte.

Nun sollte die Geschichte zu Ende sein, denn die
paar Dielen und verrosteten Wasserleitungen waren für
einen Mann wie Pappke kein Problem. Sie sollte zu
Ende sein, aber wer nur einmal einen flüchtigen Blick
in den Kant geworfen hat, weiß, wie viele Schwierigkeiten ein solcher kategorischer Imperativ in der Theo-
rie mit sich bringt, und wenn er dort noch richtig sein
mag, für die Praxis taugt er halt doch nicht.

Der Schuster nämlich, eben jener, der die Wohnung
einst als ein schäbiges Loch bezeichnete, hatte ein bö-

ses Weib. Und als nun unser Pappke binnen Jahresfrist aus den neu bezogenen Räumen eine wahre Pracht- und Staatswohnung erstellte, was in Hinsicht auf die erfolgte allerhöchste Hilfe auch angemessen schien, blickte das böse Schusterweib lüstern und schickte ihren Mann aufs Amt, auf daß man ihm die einst verschmähte Wohnung zuspreche. Das Amt jedoch bedauerte, das erwünschte Domizil habe bereits einen Mieter, den man nur bei grober Fahrlässigkeit oder anderen schweren Verfehlungen aus seinen vier Wänden setzen könne. Der Schuster fluchte und spuckte aus, womit der Fall für ihn erledigt war, und unsere Geschichte könnte wirklich enden, wenn nicht, ja, wenn nicht das böse Schusterweib gewesen wäre. Denn, wie man in unserer Stadt sagt, klemmt der Teufel in der Esse, ruft er ein böses Weib.

Dieses Teufelsweib war entschlossen, die schöne Wohnung zu erobern, und sie war nicht nur dazu entschlossen, sie hatte auch einen Plan. Während der Dienststunden des Herrn Pappke bei der Deutschen Reichsbahn sollte ein Mann Lina Pappke besuchen, ihr schöne Augen machen, ein wenig seufzen, kurzum, das Repertoire eines Don Juan darbieten, um sie zu ein wenig Unzucht zu überreden, worauf man ihr aus moralischen Bedenken die Fürsorgezöglinge entziehen und das Ehepaar in eine kleinere Wohnung einweisen könnte. Die einzige Schwierigkeit des Unternehmens war es, einen geeigneten Mann aufzutreiben, denn der Schuster war für derartige amouröse Aventiuren nicht mehr zu gewinnen, auch hielt die Schusterfrau nicht viel von den Verführungskünsten ihres Gatten. Doch für einen teuflischen Plan jemanden zu überreden, braucht es selten mehr als eine Flasche Schnaps, und da die Arbeit nicht nur Lohn, sondern auch Spaß versprach, war bald ein Freund und Altgeselle des Schusters überredet.

Nun ist eine Kleinstadt halt nicht groß, und so hörte Pappke, daß sich der Schuster um die Wohnung bemühte, und meinte, es solle ihm leichtfallen, eine auf höchsten Beschluß erhaltene Behausung zu verteidigen. Auch war er der Ansicht, zurecht in einer so feinen Wohnung zu sitzen, denn wenn er auch nicht von den Nazis verfolgt worden war, vielmehr während des Krieges ihnen als Soldat gedient hatte, so habe er doch im Afrikacorps gekämpft, also nicht gegen die Sowjetunion, sondern gegen Franzosen und Engländer, und das seien ja bekanntlich Imperialisten. Dieser Logik konnten seine Nachbarn wenig entgegensetzen, obgleich sie deutlich spürten, daß seine Beweisführung eine faule Stelle enthielt. Kurt Pappke war also unbesorgt, legte aber schon immer ein weißes Blatt Papier zurecht, um den Briefwechsel mit der Regierung gegebenenfalls wieder aufzunehmen.

An einem Dienstag abend erschien der gedungene Verführer bei Lina Pappke mit einem Strauß roter Rosen, gratulierte ihr zum Geburtstag und versprach, am folgenden Abend, wenn ihr Mann wiederum zur Nachtschicht gegangen sei, sie erneut zu besuchen. Auf ihren Einwand, daß sie derzeit keinen Geburtstag feiern könne, antwortete er mit der vorbereiteten Replik, eine schöne Frau habe jeden Tag Geburtstag.

Sei es nun, daß Lina Pappke ein Muster an Tugendhaftigkeit war, sei es, daß sie die hinterfotzigen Absichten ihres Bewerbers erriet, sei es, daß ihr seine sechzig Jahre mißfielen oder seine stattliche und behaarte Nasenwarze, sie erzählte jedenfalls alles ihrem

Mann. Und Kurt Pappke entschloß sich, dem Rendezvous beizuwohnen. Er tauschte seine Schicht mit einem Kollegen und verbarg sich zur Nacht in einer Wäschetruhe, die er zuvor mit dem Rückspiegel seines Fahrrads präpariert hatte und auf die er von der Frau nach seinem Einstieg Bügelwäsche legen ließ, damit sich keiner auf die Truhe setze und unwissentlich den kleinen Sichtspalt schließe. Schon in der Truhe hockend, schärfte er seiner Frau nochmals ein, daß sie sich vor ihm nicht genieren dürfe, da ein Kuß wenig Beweiskraft habe und sie erst um Hilfe schreien solle, wenn der Verführer an ihre Wäsche gehe, also die Bluse herunterreiße oder gar unter dem Rock herumsuche.

Zur angegebenen Zeit erschien Linas Galan, übermäßig nach Rasierwasser duftend und wiederum mit einem Blumenstrauß. Nach einigen Minuten der Verlegenheit und des Herumstotterns, forderte er die verängstigte Frau auf, sich zu entkleiden und ihre jungfernhafte Ziererei zu lassen. Schließlich, man sei erwachsen und der Ehemann außer Haus. Und zur Unterstützung seiner Worte ließ er seine Hosen herunter, mit gutem Beispiel vorangehend, wie er wohl meinte.

Nun wäre es an Lina gewesen, um Hilfe zu rufen, denn die böse Absicht lag greifbar auf der Hand, doch Lina rief nicht, sie kicherte und glückste.

Der Verführer nämlich, des Schusters Altgeselle und sein eigener Junggeselle, hatte sich offensichtlich überschätzt. Seiner einsamen Vergnügungen gedenkend, hatte er den Auftrag unbesorgt übernommen, seine Natur jedoch schien von der neuartigen Situation verwirrt zu sein und verhielt sich zurückhaltend. Und Lina Pappke glückste und gickste in sich hinein angesichts dieses hängenden Elends.

78

Ihr Mann wartete vergeblich auf den verabredeten Hilferuf, dafür signalisierte ihm der Fahrradspiegel, leicht verzerrt wohl, den Stand oder besser: die Lage der Dinge. Er sprang aus der Truhe wie der Teufel aus der Kiste und fragte den erschrockenen Verführer überflüssigerweise, was er wünsche. Dieser griff in die herabgelassene Hose, zog ein Klappmesser hervor, das ihm den Dienst nicht verweigerte, und stand, endlich bewaffnet, doch unbedeckt in Pappkes Wohnstube, gewissermaßen Frau und Mann bedrohend. Pappke, der bekanntlich Holzbohlen mit der Handkante zu spalten vermochte, entwaffnete schnell den enttäuschten und zitternden Altgesellen, unterzog ihn einem verschärften Verhör und brachte ihn dazu, auf dem Polizeirevier die eigene Untat und den Plan der bösen Schusterfrau zu gestehen. Er erstattete daraufhin Anzeige gegen den Schuster und sein Weib, ließ den Verführer jedoch laufen ob seiner offenbarten Unfähigkeit, jemandem etwas Böses anzutun.

Noch während der Untersuchungshaft ließ sich der Schuster von seiner habgierigen Frau scheiden und heiratete nach der Entlassung aus dem Gefängnis eine Zellenbeschließerin.

Die böse Schusterfrau zog in eine andere Stadt und wütete bis zu ihrem Lebensende gegen die Männer, die sie sämtlich als entkräftete Trottel ansah.

Und so lebten sie alle in Frieden bis auf Kurt Pappke, der seiner Frau, entgegen früheren Versicherungen, nicht verzeihen konnte, daß sie die Blöße des Altgesellen erblickt hatte. Ungewiß aber bleibt, ob er nicht allein darum verärgert war, weil Lina Pappke angesichts der ergrauten Männlichkeit gelacht hatte.

Der eine hauet Silber,
der andere rotes Gold

Durch das alte Finanzministerium in der Unterwasserstraße ging wenige Wochen nach dem Ende des Kriegs eine von den neu eingesetzten Behörden ernannte Kommission, bestehend aus vier Personen, um die Schäden festzustellen und amtlich zu registrieren, die der Krieg und die mit ihm einhergehenden Plünderungen in dem Gebäude verursacht hatten. In ihrer Begleitung war ein Schlosser, der mehr als hundert Schlüssel in einer Tasche bei sich führte und die verschlossenen Türen aufsperrte. Außerdem hatte er schweres Werkzeug dabei, um jene Türen, für die er keinen passenden Schlüssel fand, aufzubrechen.

Die Kommission hatte in jedem Zimmer ein Protokoll aufzunehmen und zu unterschreiben, da sich überall Spuren von Zerstörung fanden. Mal waren es gewaltsam geöffnete Schreibtische und Schränke, mal waren es ein zerbrochener Stuhl oder ein Berg von Mauersteinen und Schutt, bedeckt von herausgerissenen Papieren und Unrat.

Im Kellergeschoß stießen die Mitglieder der Kommission unvermutet und zu ihrem nicht geringen Erstaunen auf einen für sie kaum zu ermessenden und zu taxierenden Schatz. Wie sie im Protokoll vermerkten, war ein halber Raum angefüllt mit Gold- und Silberschmuck und kostbaren Steinen. Sie fanden Ringe und Armbänder, Bestecke und Tafelaufsätze, Ohrgehänge und Diademe, Vorlegebesteck und Toilettengarnituren, Armreifen und Medaillons, Brotkörbe und Kompottschalen, Einsteckkämme und Schmuckkästchen, Tafelleuchter und Karaffen, Kettenarmbänder und Vorstecknadeln, Kaffee- und Teeservice, Berlocken und Uhrketten, Suppenschüsseln und Serviettenringe, Taschen- und Gürtelschließen, Obstschalen und Spangen, Kameenbroschen und Krawattennadeln. Im Protokoll wurde auch festgehalten, daß diese Kostbarkeiten sich in einem völlig verwahrlosten Zustand befanden und teilweise noch Blut und Haare an ihnen klebten.

Das Zimmer wurde von der Kommission verschlossen und versiegelt. Überdies ordnete sie an, daß es bewacht werde, so lange sich der Schatz noch in diesem Zimmer befinde und bis über sein weiteres Schicksal entschieden sei.

Die Mitglieder der Kommission gaben ihrer vorgesetzten Behörde unverzüglich Bericht über die entdeckten Edelmetalle und Edelsteine.

In den folgenden Tagen wurde das Schatzzimmer im alten Ministerium in der Unterwasserstraße wiederholt aufgesucht, da sich mehrere Herren über den überraschenden Fund und dessen Zustand informieren wollten, bevor sie verfügten, wie mit ihm zu verfahren sei.

Zu der entscheidenden und geheimen Sitzung waren sieben Herren geladen. Alle waren sich über die Herkunft der Kostbarkeiten einig und auch über die Art und Weise, wie sie in den Besitz des soeben untergegangenen deutschen Staates gelangt waren.

Fünf Teilnehmer der Sitzung sprachen sich für eine vorbehaltlose Rückgabe der Pretiosen und anderen wertvollen Stücke an ihre Besitzer aus oder vielmehr an deren Erben, da alle Herren vermuteten, daß die ursprünglichen Eigentümer im Dritten Reich gewaltsam zu Tode gebracht worden seien.

Ein Herr war unschlüssig, und der siebente verlangte, den Schatz ohne Aufsehen, um weder frühere Besitzer oder Hinterbliebene noch die Besatzungsmacht von dem Fund zu unterrichten, in Staatseigentum zu überführen.

Nach vierstündiger Beratung stimmten alle Herren der stillschweigenden Verstaatlichung zu, da keiner eine Möglichkeit sah, die wahren Eigentümer oder Erben ausfindig zu machen und dabei fruchtlose Streitereien und endlose und letztlich vergebliche Prozesse zu vermeiden.

Die Mitglieder der Kommission, die das Schatzzimmer ausfindig gemacht hatten, wurden von den Herren beauftragt, die dort angehäuften Wertstücke zu sortieren, zu ordnen und aufzulisten.

Die wenigsten Kleinode waren in einem Zustand, der es erlaubte, sie direkt zum Verkauf zu bringen. Die meisten Juwelen mußten zu Goldschmieden gebracht werden, um gereinigt, repariert und ausgebessert zu werden. Die zerbrochenen und unvollständigen Teile wurden der Münze zum Einschmelzen übergeben.

Im September 1948 kam es bei einem bekannten, alteingesessenen Juwelier im Zentrum Berlins zu einem Zwischenfall. Ein Herr, der sich als Amerikaner ausgab, obgleich er ein vorzügliches, akzentfreies Deutsch sprach, erschien mit seiner Frau beim Geschäftsinhaber und reklamierte zwei im Schaufenster ausliegende Stücke, eine Brosche und eine Berlocke, als sein Eigentum. Der Juwelier konnte amtlich beglaubigte Pa-

82

piere vorweisen, die Zeugnis von dem legalen Besitz der von ihm zum Verkauf angebotenen Anhängsel ablegten. Er bot dem Amerikaner überdies an, mit ihm zu einem Goldschmied zu fahren, der die Brosche erst unlängst für ihn angefertigt habe. Sie könne schon daher unmöglich seit Jahrzehnten zum Familienbesitz des Amerikaners gehören.

Der Amerikaner ließ keinen der Einwände gelten. Er beharrte darauf, daß eben diese Brosche Eigentum seiner Mutter war und die Berlocke seinem Vater gehörte, der sie von seinem Vater erhalten habe, der sie wiederum von dessen Vater geerbt hatte. Beide Stücke seien noch vor zehn Jahren im Besitz seiner Eltern gewesen. Die Berlocke hätte sein Vater an seiner Uhrkette getragen, als er sich von ihm verabschiedet hatte, um nach England zu emigrieren, drei Jahre bevor seine Eltern, Mutter wie Vater, in einem Konzentrationslager verschwanden.

Der Juwelier konnte den Amerikaner weder von der Rechtmäßigkeit seines Besitzes überzeugen, noch vermochte er, ihn zu beruhigen.

Es sind nicht nur Mörder, sagte der aus Deutschland stammende Amerikaner zu seiner ihn begleitenden Frau, es sind auch Räuber und Lügner.

Mit diesen Worten verließ er den Laden des Juweliers. Seiner Frau, die der deutschen Sprache nicht mächtig war, übersetzte er auf der Straße jenen letzten Satz, den er im Laden des Juweliers gesagt hatte.

Der Name

Anna Kozower war achtundsiebzig Jahre, als die bei ihr einwohnende Enkelin, Margarete Kozower, der alten Frau die neue Polizeiverordnung zur Kennzeichnung der Juden in Deutschland begreifbar machen und ihr erklären mußte, daß sie nunmehr den Namen Sara habe.

Du verstehst, sagte die Enkelin, es ist ganz einfach. Ich heiße jetzt Margarete Sara Kozower, und du heißt Anna Sara Kozower.

Die alte Frau schüttelte den Kopf. Ich will nicht Sara heißen, sagte sie, Sara gefällt mir nicht. Sara war ein dummes, ekelhaftes Mädchen, ich konnte sie nie ausstehen. Ich will nicht Sara heißen.

Es ist aber Gesetz, sagte die Enkelin, wir müssen einen jüdischen Namen tragen.

Die alte Frau überlegte. Sie griff nach der Hand ihrer Enkelin und sagte freudig erregt: Dann will ich Miriam heißen. Das ist ein schöner Name. Ich wollte schon immer Miriam heißen. Das ist sogar ein viel schönerer Name als Anna.

Das geht nicht, erwiderte die Enkelin, wir müssen beide Sara heißen. Die Polizei hat es so bestimmt.

Nein, sagte die Großmutter störrisch, ich will nicht Sara heißen.

Anna Kozower konnte sich mit ihrem neuen amtlichen Namen nicht anfreunden. Wann immer ihre Enkelin ein Dokument für sie ausfüllte und ihr zur Unterschrift vorlegte, verzog sie beim Anblick ihres eigenen, fremden Namens angewidert das Gesicht.

Am 30. November 1941 wurde Anna Sara Kozower in der Krausnickstraße von einem Polizisten angehalten, der sie darauf aufmerksam machte, daß ihr großes Wolltuch unzulässigerweise den gelben Stern auf ihrem Mantel verdecke. Die alte Frau erwiderte, daß sie das Tuch tragen müsse, da ihr kalt sei und sie ihren Pelzmantel der Behörde habe abliefern müssen. Der Polizist forderte sie nochmals auf, den gelben Judenstern deutlich sichtbar zu tragen und deshalb das Tuch abzunehmen. Da ihm Anna Kozower erneut widersprach, verlangte er ihre Papiere. Als er laut ihren Namen las, unterbrach ihn die Frau mit der Bemerkung, sie heiße nicht Sara, sondern Anna Miriam Kozower.

Den Polizisten überraschte diese Mitteilung. Er fragte nach und bekam von ihr zu hören, sie heiße Miriam, weil ihr der Name Sara nicht gefalle. Wütend beschimpfte er die alte Frau, warf ihr das Personaldokument ins Gesicht und drohte ihr weitere und fürchterliche Konsequenzen an.

Anna Kozower kam an diesem Abend aufs äußerste erregt, aber dennoch glücklich nach Hause. Wegen heftiger Herzschmerzen mußte sie sich sofort ins Bett legen. Der besorgten Enkelin berichtete sie mit leuchtenden Augen von dem Vorfall in der Krausnickstraße.

Ich heiße nicht Sara, erklärte sie stolz, ich habe es dem Offizier gesagt, daß ich Miriam heiße.

In der Nacht starb sie an einem Infarkt. Auf ihrem Grabstein steht der Name Anna Kozower.

Der Krüppel

Im Oktober 1952 klopfte ein vierzigjähriger, einar-
miger Mann in abgerissener Kleidung an eine Wohnungstür in der Bänschstraße des Stadtbezirkes Fried-
richshain. Ein junger Mann öffnete ihm die Tür und
fragte, was er wolle.

Eisele ist mein Name, sagte der Krüppel und wies
mit dem Kopf auf das Schild an der Tür, auf dem der
gleiche Name stand.

Ja und? fragte der junge Mann, das ist noch kein
Grund, bei uns zu betteln.

Der Mann erwiderte nichts, sondern sah nur den
vor ihm stehenden Achtzehnjährigen an. Dann kniff
er böse die Augen zusammen, hob den mitgebrachten
Karton hoch und stieß ihn heftig dem überraschten
jungen Mann vor die Brust, so daß dieser zurücktau-
melte und dabei den Eingang freigab.

Der Krüppel trat in die Wohnung und sagte: Ich bin
dein Vater. Wo ist meine Frau?

Der Mann kam nach sieben Jahren aus russischer
Kriegsgefangenschaft zurück, während der er in West-
sibirien an dem Bau von Staudämmen hatte mitar-
beiten müssen. Die letzten zwei Jahre seiner Gefangenschaft war er der Kulturbeauftragte seines Lagers
gewesen, da ihm ein durch die Arbeit im kalten
Wasser entstandenes Rheuma eine andere Tätigkeit
unmöglich machte. In Gefangenschaft war er trotz des

fehlendes Arms gekommen, weil ihm, als das Lazarett, in dem der wundbrandige Arm amputiert worden war, vor den heranstürmenden Truppen der Roten Armee geräumt werden mußte, vom Kommandeur, einem Mediziner im Range eines Oberst, zusätzlich zu den bereits erhaltenen Auszeichnungen, einer Nahkampfspange und dem Eisernen Kreuz zweiter Klasse, zwei Tage vor dem Erscheinen der sowjetischen Truppen das Ritterkreuz mit Schwertern übergeben worden war. Tatsächlich war ihm das Ritterkreuz nie zugesprochen worden. Der Lazarettkommandeur hatte Eisele seine eigene Auszeichnung überreicht, um ihn über die gleichzeitig mitgeteilte Entscheidung, ihn bei der überstürzten Verlagerung des Lazaretts nicht mitnehmen zu können, zu trösten. Diese hohe Auszeichnung stempelte Eisele in den Augen der Russen zu einem Kriegsverbrecher. Und obgleich Werner Eisele Ende der zwanziger Jahre mit einer Delegation seiner Partei, er war Mitglied des kommunistischen Jugendverbandes, drei Monate in der Sowjetunion gearbeitet hatte, um in der Nähe von Moskau ein Kinderdorf zu errichten, und dabei auserwählt worden war, an einem halbstündigen Treffen mit dem Staatsführer J. W. Stalin teilzunehmen, mußte er sieben Jahre in Kriegsgefangenschaft bleiben.

Der Krüppel stand vor dem jungen Mann, seinem Sohn, und wartete auf eine Antwort. Der Sohn öffnete ihm die Tür zum Wohnzimmer, in dem zwei Kinder saßen und Schularbeiten machten.

Arbeitet weiter, fuhr er sie an, als sie die Köpfe neugierig von ihren Heften hoben. Und zu seinem Vater sagte er: Setzen Sie sich. Ich sage meiner Mutter Bescheid.

Als die Mutter der Kinder das Zimmer betrat, stand der Mann auf. Die beiden Eheleute betrachteten sich gegenseitig, prüfend, lieblos und mißtrauisch. Dann sagte die Frau ohne jede Herzlichkeit zu ihm: Wir dachten, du seist längst tot.

Sie reichte ihm die Hand. Guten Tag, Eisele.

Hast du einen anderen Mann? fragte er.

Sie lachte verbittert auf. Wie denn, fragte sie, mit fünf Kindern am Hals?

Schön, erwiderte der Mann, denn davor hatte ich all die Jahre Angst. Mach mir etwas zu essen.

Die Frau verließ das Zimmer und ging in die Küche.

Am Abend saß die Familie, das Ehepaar und fünf Kinder im Alter zwischen zehn und achtzehn Jahren, am Küchentisch. Der Heimkehrer begann von seiner Gefangenschaft zu erzählen, aber seine Frau unterbrach ihn und sagte: Wir kennen diese Geschichten. Wir hatten es auch schwer.

Dann stand sie auf und sagte zu ihrem ältesten Sohn: Mach ihm hier in der Küche das Bett.

Der Mann protestierte. Aber wieso denn, ich schlafe bei dir.

Die Frau erwiderte nichts und verließ die Küche. Der älteste Sohn stand auf und schob den Küchentisch zur Seite. Sie schlafen hier, sagte er, meine Mutter will es so.

Am nächsten Tag ging der Mann zur Polizei, um sich anzumelden und die Lebensmittelkarten zu beantragen. Er versuchte, Arbeit zu bekommen, und wandte sich deswegen an die zuständige Behörde. Doch in seinem erlernten Beruf, vor dem Krieg war er Polsterer gewesen, konnte er als Krüppel nicht mehr arbeiten, und die ihm angebotenen Stellen lehnte er ab, da ihm der Lohn zu gering schien.

Er sagte seiner Familie, daß es einige Tage dauern werde, bis er etwas Geeignetes für sich gefunden haben würde. Er bat seine Frau, ihm Geld zu geben.

Die Frau blickte zu ihrem ältesten Sohn. Dieser schüttelte kurz den Kopf.

Tut mir leid, sagte sie dann.

Ich bin euer Vater, fuhr der Mann auf und schlug mit der Faust auf den Tisch, ich bin hier der Herr im Haus.

Das sind Sie nicht, sagte sein ältester Sohn, ohne von seinem Teller aufzusehen.

Du machst mir fünf Kinder, sagte die Frau, und dann verschwindest du einfach.

Ich war in Gefangenschaft, schrie ihr Mann sie an.

Wo du warst, ist mir gleichgültig, sagte sie, entscheidend für mich ist, daß du nicht hier warst. Ich konnte allein die fünf Kinder durchbringen. Und seit zwei, drei Jahren, seit die beiden Großen mitverdienen, geht es uns etwas besser. Und da kommst du plötzlich hier an!

Aber ihr seid doch meine Familie, sagte der Krüppel, du bist meine Frau, hier bin ich zu Hause.

Keiner antwortete ihm. Alle sahen nur zu dem ältesten Sohn, der wieder schweigend den Kopf schüttelte.

Eine Woche später hatte Eisele eine Arbeit in einer Chemiefabrik in Westberlin aufgenommen. Er bediente dort einen Hallenkran und fuhr werktäglich mit der Stadtbahn über die Sektorengrenze.

Mitte November forderte ihn seine Frau auf, sich ein Zimmer zu suchen und ihre Wohnung zu verlassen. Eisele weigerte sich, aber er konnte es nicht ändern, daß er von ihr und seinen Kindern weiter als ein fremder und unerwünschter Mitbewohner der kleinen Wohnung betrachtet wurde. Die jüngeren Kinder wurden von ihren älteren Geschwistern erzogen und ließen sich nichts von ihrem Vater sagen. Die beiden ältesten Söhne wechselten kein Wort mit ihm und duldeten nicht, daß er auch nur die geringste Entscheidung in den Angelegenheiten der Familie traf. Wenn er betrunken nach Hause kam und versuchte, in die Schlafkammer seiner Frau einzudringen, wurde er von seinem Ältesten daran gehindert. Der Sohn, der als Maurergeselle arbeitete, zog seinen Vater an den Haaren aus der Kammer der Mutter, ohrfeigte ihn und stieß den Krüppel dann so kräftig auf seinen Schlafplatz in der Küche, daß dieser sich nicht mehr erheben konnte.

Im Januar des folgenden Jahres, drei Monate nachdem Eisele wieder bei seiner Familie aufgetaucht war, wurde er, als er von der Arbeit nach Hause zurückkehrte, ins Wohnzimmer gerufen. Die ganze Familie, seine Frau, seine vier Söhne und seine Tochter, saß um den Tisch, auf dem verschiedene Papiere, Sprengstoff, Munition und eine Pistole lagen. Eisele erkannte in den ausgebreiteten Gegenständen sofort sein Eigentum und fragte überlaut, wer es gewagt habe, in seinen Sachen zu wühlen.

Sein ältester Sohn unterbrach ihn. Halten Sie den Mund, sagte er, packen Sie das hier ein und verschwinden Sie. Oder ich bringe das, und dabei zeigte er auf die auf dem Tisch liegende Waffe, zur Polizei.

Der Mann und seine Familienangehörigen starrten einander schweigend an.

Und was sagst du? fragte Eisele schließlich seine Frau.

Aber statt ihrer antwortete der älteste Sohn: Sie sind in einer halben Stunde verschwunden und lassen sich hier nie wieder blicken.

Dann griff er nach der Pistole, öffnete den Verschluß und entnahm ihr die Munition.

Und nehmen Sie diesen Scheißdreck mit, sagte er und warf seinem Vater die Pistole vor die Füße.

Eisele hob die Pistole auf und verstaute sie in der Hosentasche. Mit der ihm verbliebenen Hand bündelte er die auf dem Tisch liegenden Papiere und die Munition und verließ damit das Zimmer. Zwanzig Minuten später hörte die noch immer im Wohnzimmer versammelte Familie die Wohnungstür ins Schloß fallen.

Eisele und seine Familie sahen sich nie wieder.

Zur Frage der Gesetze

Im Mai 1973 starb der Arzt und Pförtner Sebastian Körner im Alter von einundsiebzig Jahren. Die Leiche wurde auf dem Köpenicker Friedhof an der Gosener Landstraße beigesetzt.

Körner, Sohn eines deutschen Journalisten in Prag, studierte Anfang der zwanziger Jahre in Berlin Medizin. Während des Studiums hatte er sich einer linken Studentenorganisation angeschlossen, die sowohl den Sozialdemokraten wie den Kommunisten nahestand, jedoch ihre Unabhängigkeit bewahrte.

Nach dem Studium und der Facharztausbildung eröffnete Körner im Wedding, einem Arbeiterbezirk im Norden Berlins, eine Praxis als Frauenarzt. Es sprach sich in dem Wohngebiet schnell herum, daß man mit ihm über einen Abort, also einen illegalen, strafrechtlich verfolgten Eingriff, sprechen konnte. Körner hatte sich nie über einen Mangel an Patientinnen zu beklagen, wenngleich er auch nicht zu Wohlstand kam, da seine Praxis häufig von Frauen aufgesucht wurde, deren Männer arbeitslos und daher nicht oder nur mangelhaft versichert waren. Zudem ließ er sich für die Schwangerschaftsunterbrechungen, die er abends außerhalb der Sprechstunden durchführte, nicht bezahlen, da er diese Arbeit als politischen Protest gegen eine ungerechte und menschenunwürdige Gesetzgebung verstand.

Während der Zeit der Weimarer Republik wurde dreimal Anklage gegen ihn erhoben, doch Körner bestritt jeden Vorwurf, gegen den Paragraphen 218 des Strafgesetzbuches verstoßen zu haben. Da auch die polizeiliche Durchsuchung seiner Praxis und der Wohnräume keinerlei Beweise für einen Straftatbestand erbrachte, mußte er jedesmal aus Mangel an Beweisen freigesprochen werden.

In der Nazizeit schränkte Körner die Schwangerschaftsunterbrechungen stark ein, zumal nach Ausbruch des Krieges dieser illegale Eingriff mit den Paragraphen »Sabotage und Wehrkraftzersetzung« verschärft abgeurteilt wurde. Im Frühjahr 1941 wurde er auf Grund der Anzeige eines Kollegen erneut angeklagt. Wiederum ergaben Hausdurchsuchung und Beweisaufnahme keine von der Staatsanwaltschaft zu verwendenden Fakten, und er konnte, da er die ihm zur Last gelegte Tat leugnete, nicht wegen dieses Delikts belangt werden. Er wurde dennoch zu vier Monaten Zuchthaus verurteilt, weil er vor Gericht seine liberale Haltung bekundete und die Rechtmäßigkeit des Paragraphen 218 in Frage stellte.

Nach dem Ende des Krieges zog er mit seiner Familie in den sowjetischen Sektor Berlins um. Er arbeitete als Gynäkologe in einer eigenen Praxis und zusätzlich in einer Poliklinik seines Stadtbezirks. Er nahm auch die abendlichen Schwangerschaftsunterbrechungen wieder auf, die nach wie vor unter Strafandrohung standen.

1966 wurde er, er war bereits vier Jahrzehnte seiner legalen und seiner illegalen Tätigkeit als Frauenarzt nachgegangen, nochmals wegen des Verstoßes gegen den Paragraphen 218 angeklagt. Die Anklage gründete sich auf die Anzeige von drei Frauen, die über seine unerlaubten Eingriffe informiert waren, bei denen er sich jedoch geweigert hatte, eine Unterbrechung vorzunehmen, da sie ihm nicht begründet erschien.

Das Gericht verzichtete auf eine Durchsuchung seiner Praxis. Der Richter machte in der Verhandlung unmißverständlich deutlich, daß sein Urteil sich allein oder doch hauptsächlich auf die Aussage des Angeklagten stützen werde, und gab damit Sebastian Körner zu verstehen, daß er die Anklage lediglich zu bestreiten habe, um einen Freispruch zu erlangen.

Körner jedoch bekannte sich vor Gericht schuldig. Er gab darüber hinaus zu, seit vierzig Jahren fortgesetzt und regelmäßig gegen das Gesetz verstoßen zu haben, um Frauen in Not zu helfen.

Der Richter, der in den zwanziger Jahren jene linke Studentenbewegung kennengelernt hatte, welcher Körner angehörte, und ihre liberalen Diskussionen schätzte – er selbst war damals ein junger Metallarbeiter und Mitglied des sozialdemokratischen Jugendverbandes –, bat Körner darum, sich zu bedenken und seine Erklärung zurückzunehmen, da diese einer Selbstanzeige und einem Schuldbekenntnis gleichkomme.

Körner lehnte das Angebot ab. Er blieb bei seiner Aussage und überreichte das schriftlich formulierte Bekenntnis dem Gericht als zu verwendendes Aktenstück.

Der Richter verurteilte ihn daraufhin zu einer Bewährungsstrafe von sechs Monaten. Er blieb damit weit unter dem Strafantrag des Staatsanwalts, der gegen das Urteil Beschwerde einlegte. Zur allgemeinen Verwunderung aber wurde das äußerst milde Urteil in der Revisionsverhandlung bestätigt.

Nicht verhindern konnte der Richter jedoch, daß Sebastian Körner durch diese Verurteilung zwangsläufig seine Approbation verlor. Körner mußte seine Praxis schließen und die Arbeit in der städtischen Poliklinik aufgeben. Ein Angebot des ärztlichen Direktors, ihn zwar nicht als Arzt, aber als geschätzte Fachkraft weiter zu beschäftigen, schlug er aus. Drei Wochen lang suchte er nach einer Arbeit, die er in seinem Alter und nun ohne jegliche berufliche Qualifikation ausüben konnte. Schließlich wurde er Pförtner in einem großen metallverarbeitenden Betrieb im Osten Berlins.

1972, fünfeinhalb Jahre nach seiner Verurteilung, wurden Schwangerschaftsunterbrechungen legalisiert und der Paragraph 218 wurde entsprechend verändert. Körner, von Freunden und Verwandten gedrängt, lehnte es ab, sich um eine Revision seiner Verurteilung und der Aberkennung seiner Approbation zu bemühen.

Ein Jahr später, am 12. Mai, starb er, auf dem Heimweg von einer Nachtschicht, frühmorgens in einer Straßenbahn.

Jelängerjelieber Vergißnichtmein

Käthes Eltern wohnten in einer Zwei-Zimmer-Wohnung im Süden von Berlin, in Steglitz. Ihre Mutter war Hebamme, ihr Vater Droschkenkutscher einer Brauerei.

Ihr Vater liebte und verehrte seine Frau, aber diese betrog ihn, kaum daß er die gemeinsame Wohnung verließ. Er wußte darum, denn an den Sonntagen kroch seine kleine Tochter früh zu ihm ins Bett, um sich die Füße zu wärmen und mit ihm zu plaudern. Dabei erzählte sie ihm – ohne zu wissen, was sie tatsächlich sagte – von den Besuchen der vielen Männer.

Käthe war zwölf Jahre alt, als sich die Mutter scheiden ließ. Sie überließ das Kind dem Vater und zog aus der Wohnung aus.

Die Mutter wohnte seitdem in einer sehr viel größeren und schöneren Wohnung. Sie hatte, wie sie sagte, etwas geerbt. Käthe besuchte ihre Mutter selten, denn sie spürte, daß sie bei ihr nie willkommen war. Jahre später vermutete sie, daß ihre Mutter durch Abtreibungen so reich geworden war.

Daheim übernahm Käthe die hauswirtschaftlichen Pflichten der Mutter und versorgte ihren Vater, der die Trennung von seiner Frau nie verwand. Immer wieder geschah es, daß ihm plötzlich die Augen voller Tränen standen und er, wenn er nach der Ursache gefragt wurde, nur still abwinkte.

Käthe war achtzehn Jahre alt und arbeitete als Handlungsgehilfin in einer Papierfabrikation, als sie in den Geschäftsräumen ihrer Firma einen dreiundvierzigjährigen Mann kennenlernte, der sie zum Kaffee einlud. Sie schlug seine Einladung aus, aber sie konnte nicht verhindern, daß er sie wiederholt sah und umwarb, wann immer ihn sein Weg in das Geschäft führte. Auch gelang es ihm, ihre Adresse ausfindig zu machen und ihr bei ihren Einkäufen wiederholt über den Weg zu laufen, sie anzusprechen und einzuladen.

Ihr gefiel es, einen Verehrer zu haben. Und daß es kein mittelloser Botenjunge in ihrem Alter, sondern ein offenbar wohlhabender Herr in den besten Mannesjahren war – gemeinsam mit seiner Frau besaß er eine Schleierfabrik –, schmeichelte ihr ausnehmend. Sie ließ sich nach einigen Wochen von ihm einladen und ausführen, und sein bald erfolgendes Geständnis, daß eine Scheidung von seiner Frau aus geschäftlichen Gründen unmöglich sei, bereitete ihr manche durchwachte und durchweinte Nacht, ließ sie aber weder an seiner vielmals beschworenen Liebe zweifeln, noch führte es sie dazu, mit ihm zu brechen.

An den Samstagabenden, die Käthes Vater sämtlich mit Skatfreunden in der Gaststätte einer Kleingartenkolonie verbrachte, kam Konrad, Käthes Verehrer, zu ihr in die Wohnung, und sie verlebten vier Stunden miteinander, die Käthe um nichts missen wollte und für die sie ihre Seligkeit oder doch ihr Leben hingegeben hätte.

Sie war dreiundzwanzig Jahre alt, als sie sich den Jungfernkranz aufsetzte und einen gleichaltrigen Mann, Destillateur in einer nahe gelegenen Likörfabrik, heiratete. Ihre Mutter, zur Hochzeit eingeladen, ließ ihr ein Blumengebinde und eine Garnitur Bettwäsche schicken und sich bei der Feier entschuldigen.

Ihren Verehrer Konrad empfing Käthe am Samstag vor ihrer Hochzeit ein letztes Mal. Sie verbrachten nochmals vier Stunden miteinander und verabschiedeten sich dann unter Tränen.

Käthe wurde in ihrer Ehe nicht glücklich, aber sie war mit ihrem Leben und ihrem Mann zufrieden. Häufig gedachte sie ihres Verehrers, der sie zärtlich in die Liebe eingeführt hatte. Diesen bezaubernden und leidenschaftlichen Liebhaber vermißte sie um so mehr, als ihr Mann zwar herzensgut, aber ihm Sinnlichkeit fremd war und er keinerlei Temperament aufwies.

Käthe bekam zwei Kinder, und die Familie zog nach der Geburt des zweiten Mädchens aus der kleinen Wohnung des Destillateurs, in der sie seit ihrer Heirat wohnte, in eine Drei-Zimmer-Wohnung in der Nähe des Vaters.

Auf den Tag neunzehn Jahre und vier Monate nach der Eheschließung starb Käthes Ehemann an einer Gehirnblutung. Umgeben von Destillaten, ätherischen Ölen, Tinkturen, Spiritusflaschen und Zuckersäcken brach er auf seinem Arbeitsplatz im Kellergeschoß der Likörfabrik wortlos zusammen. Noch im Tod zeigte er sich so genügsam, wie er gelebt hatte.

Vierzehn Tage später starb Käthes Vater, so daß sie mit ihren beiden Mädchen, zwölf und vierzehn Jahre alt, im Abstand von wenigen Tagen zwei Trauerfeiern auszurichten und an zwei offenen Gräbern zu stehen hatte.

Mit der Erbschaft ihres Mannes, einer nicht unbeträchtlichen Summe, da er sparsam und wirtschaftlich gelebt und für Frau und Kinder vorgesorgt hatte, und dem verbliebenen Geld ihres Vaters, vor allem aber mit einem Kredit, den sie ihrer Mutter abgenötigt hatte, kaufte sich Käthe einen kleinen Papierwarenladen in ihrer Straße, der sie und die Kinder ernähren konnte.

Drei Monate nach dem Tod des Mannes und wenige Wochen nach der Eröffnung ihres Geschäfts stand ein weißhaariger, distinguierter Herr vor der Ladenkasse und ergriff ihre Hand. Käthe erkannte augenblicklich ihren früheren Verehrer Konrad. Er war jetzt siebenundsechzig Jahre alt, noch immer verheiratet, aber auch noch immer eine beeindruckende Erscheinung.

Er lud sie für den Sonntagnachmittag zu einem Ausflug in den Grunewald ein, und sie zögerte nicht eine Sekunde, die Einladung anzunehmen.

Seitdem sahen sie sich wieder regelmäßig. Seiner Frau und ihrer Kinder wegen trafen sie sich nur tagsüber und verbrachten einmal wöchentlich, dienstags oder mittwochs, vier Stunden im Hinterzimmer des Papierwarengeschäfts, währenddessen eine Freundin Käthes die Kunden bediente.

Eineinhalb Jahre nachdem Käthe und ihr Verehrer ihre heimlichen Verabredungen wieder aufgenommen hatten, versäumte es Herr Konrad, an einem dieser Nachmittage im Hinterzimmer des Ladens zu erscheinen. Er schickte auch keinen Brief oder Boten, wie er es sonst tat, wenn ihn seine eigene Firma oder Krankheit von der Freundin fernhielten.

Erst zwölf Wochen später betrat Herr Konrad das Geschäft von Käthe. Sie überschüttete ihn mit Fragen und Vorwürfen und wollte von ihm schließlich wissen, wann er endlich wieder vier Stunden Zeit hätte, damit sie der Freundin Bescheid geben könne. Als er ihr antwortete, bemerkte sie, daß sein rechter Mundwinkel schief war und nach unten hing. Sie sah ihn stumm und entsetzt an und sagte auch kein Wort, als sie nach seiner Hand griff, diese an ihren Mund führte und küßte.

Leb wohl, sagte sie schließlich, wir sehen uns heute das letzte Mal, mein Liebster.

Herr Konrad versuchte sie umzustimmen. Er bestätigte ihr, daß er einen Schlaganfall erlitten habe, berichtete ihr jedoch auch, daß die Ärzte ihm dessenungeachtet einen erstaunlich guten Gesundheitszustand attestiert und ein langes Leben vorausgesagt hätten.

Leb wohl, wiederholte Käthe, das könnte dir auch bei mir passieren. Und was dann?

Am Abend berichtete sie ihrer Freundin von Konrads Besuch und Geschick und erklärte ihr, daß sie nun nicht mehr einmal in der Woche eine Aushilfe für vier Stunden benötige.

Jetzt nicht mehr und nie wieder, sagte Käthe zu ihrer Freundin, das ist vorbei.

Und dann fügte sie rasch hinzu: So viel Glück, wie ich hatte, kann man nicht zweimal in seinem Leben haben.

Unverhofftes Wiedersehen

Am Freitag, dem 2. Dezember 1960, klingelte es um neun Uhr abends bei der Witwe Kürmann im Sandschurrepfad in Berlin-Köpenick. Die alte Dame erkundigte sich bei geschlossener Tür nach dem Namen des nächtlichen Besuchers, bevor sie die drei Schlösser entriegelte und die Sicherheitskette abnahm.

Vor der Tür standen Thomas Nomann und sein Vater.

Als Frau Kürmann die beiden erkannte, nickte sie ihnen zu und sagte: Der Michel ist in seinem Zimmer. Gehen Sie nur rein.

Sie ließ die beiden Männer in ihre Wohnung ein, verschloß danach sorgsam alle drei Türschlösser und legte wieder die Kette vor.

Thomas Nomann lief den breiten Flur entlang und klopfte dann an einer der dunkelbraunen Türen an. Er öffnete sie und trat mit seinem Vater in das Zimmer.

Michael Kapell saß an seinem Schreibtisch. Als er den Freund eintreten sah, atmete er erleichtert auf und erhob sich.

Hatten Sie Besuch erwartet? fragte der Vater von Thomas.

Michael Kapell lächelte verlegen und nickte.

Aber uns haben Sie nicht erwartet?

Der junge Mann kicherte nervös und blieb ihm die Antwort schuldig.

Ich glaube, Sie sollten sich mit Thomas unterhalten. Ich warte so lange draußen auf dem Flur.

Ohne eine Erwiderung abzuwarten, ging der ältere Nomann hinaus und ließ die beiden jungen Leute allein.

Michael Kapell und Thomas Nomann waren Studenten der Humboldt-Universität. Sie studierten im vierten Semester Pädagogik, Englisch und Deutsch und beabsichtigten beide, nach dem Studium als Lehrer zu arbeiten.

An jenem Freitag war ihre Seminargruppe am Nachmittag zu einer außerordentlichen Versammlung des Jugendverbandes zusammengerufen worden. Ihr Betreuer, Dr. Edwin Schulze, Dozent für politische Ökonomie, hatte eine Stunde lang über den sich verschärfenden Klassenkampf gesprochen, über die Notwendigkeit, die wenige Jahre zuvor gegründete Nationale Volksarmee zu stärken und die junge Republik notfalls auch mit der Waffe in der Hand zu verteidigen. Zum Ende seines Vortrags erkundete er die Bereitschaft der männlichen Studenten, nach dem Abschluß des Studiums für zwei Jahre in den bewaffneten Organen des Staates zu dienen. Als Soldaten der Friedensarmee könnten sie nicht nur den gefährdeten Staat schützen, der, an der Grenze der beiden Weltsysteme liegend, ständig bedroht sei, sondern auch der Arbeiterklasse gegenüber ihrem Dank für das kostenlose Studium Ausdruck geben. Dr. Edwin Schulze verteilte anschließend hektografierte Blätter, auf denen die Unterzeichner sich zu einem zweijährigen Dienst in der Freiwilligen-Armee – eine allgemeine Wehrpflicht wurde erst nach dem Bau der Berliner Mauer eingeführt – bereit erklärten und die von den Studenten nur noch zu unterschreiben waren.

Fast alle Studenten hatten schweigend den Auslassungen von Dr. Schulze zugehört und unterschrieben bereitwillig das vorgehaltene Papier, teils weil sie von der Notwendigkeit des militärischen Schutzes und des eigenen Engagements im Heer überzeugt waren, teils weil sie befürchteten, durch Widerspruch und ein Verweigern der Unterschrift ihr Studium zu gefährden und darauf hofften, nach dem Erhalt des Diploms der mißlichen Verpflichtung entgehen zu können.

Nur zwei der Studenten wagten es, sich dem Dozenten zu widersetzen und ihre Unterschrift zu verweigern. Michael Kapell und Thomas Nomann gaben zu bedenken, daß sie nach ihrem Studium als Soldaten – so wichtig der bewaffnete Schutz zweifellos sei – überqualifiziert wären und der Republik besser in ihrem diplomierten Beruf dienen könnten.

Dr. Schulze ließ jeden der beiden Studenten aussprechen. Dann hob er seine rechte Hand. In seinen Augen leuchtete das Feuer seines Glaubens, und sekundenlang wies er schweigend auf die beiden Studenten, die ihm widersprochen hatten. Im Seminarraum war es so still geworden, daß man das leise Knacken der Heizungsrohre vernahm.

Seht sie euch an, sagte Dr. Schulze schließlich. Er sprach sehr leise, wurde aber mit jedem Satz lauter und lauter. Seht euch eure Jugendfreunde Nomann und Kapell an. Sie wollen nicht das Ehrentuch unserer Nationalen Volksarmee tragen. Seht sie euch an. Seht sie euch sehr genau an. Sie tragen bereits eine Uniform. Sie tragen die Uniform des Klassengegners.

Dr. Schulze hielt den ausgestreckten Arm noch für einen Moment in der Luft, bedrohlich auf die beiden Studenten gerichtet. Dann ließ er ihn endlich sinken und ging durch die Bankreihen, um die unterschriebenen Verpflichtungserklärungen einzusammeln. Keiner der Studenten sagte ein Wort oder rührte sich. Vor Michael Kapell und Thomas Nomann blieb Dr. Schulze stehen. Seine Augen strahlten nach wie vor, und er wirkte noch immer wie beseelt. Endlich schüttelte er bedeutungsschwer den Kopf, ging an sein Pult zurück, steckte die Papiere in seine Aktentasche, verabschiedete sich mit einer kurzen Geste und stolzierte aus dem Raum.

Es vergingen einige Sekunden, bevor die Studenten sich zögernd erhoben und gleichfalls das Zimmer verließen. Sie schwiegen, und alle vermieden, ihre Kommilitonen Kapell und Nomann anzusehen.

Gehst du morgen früh in die Vorlesung? fragte Thomas leise, nachdem sein Vater das Zimmer verlassen hatte.

Michael zuckte mit den Schultern und blickte seinen Freund hilflos an.

Ich weiß nicht, sagte er schließlich, ich weiß es einfach nicht. Ich habe so ein ungutes Gefühl im Magen. Was willst du denn machen?

Ich gehe, sagte Thomas, ich gehe noch diese Nacht.

Sein Freund überlegte sehr lange.

Wahrscheinlich hast du recht. Vielleicht werden wir gleich im Hörsaal verhaftet.

Kommst du mit? fragte Thomas.

Sofort?

Ja, natürlich. Ich weiß nicht, wieviel Zeit wir noch haben.

Michael sah auf seine Hände und dachte nach. Schließlich nickte er zustimmend.

Dann pack schnell deinen Koffer. Wir fahren mit der

S-Bahn. Unser Gepäck bringt mein Vater rüber. Er hat da eine todsichere Möglichkeit.

Aber ich müßte noch ...

Nein, unterbrach ihn Thomas, heute keine Verabredung mehr, kein Telefonat, nichts. Das kannst du alles später erledigen, von drüben aus.

Er blieb im Raum stehen und sah zu, wie sein Freund einen Koffer mit Dokumenten, Büchern und Kleidungsstücken packte.

Sag deiner Wirtin, daß du verreist. Und sie soll besser keinem von unserem Besuch erzählen. Das ist wichtig, wegen meinem Vater, sagte Thomas.

Als sie das Zimmer mit dem gepackten Koffer verließen, lächelte der ältere Nomann beruhigt. Michael Kapell stellte den Koffer ab und ging zu dem Zimmer der Wirtin. Er gab ihr die Miete für den Monat Dezember, verabschiedete sich von ihr und sagte, daß er sich bald wieder melden würde.

Leben Sie wohl, sagte Frau Kürmann und schüttelte mehrmals vergnügt seine Hand, und seien Sie unbesorgt. Ich sehe nichts mehr, ich höre nichts mehr, ich bin schon zu alt.

Der Vater von Thomas brachte die beiden Studenten mit seinem Auto, einem Vorkriegs-Opel, zu einer Station der S-Bahn.

Sie stiegen in einen Zug, der aus dem Ostteil der Stadt in einen der Berliner Vororte fuhr und dabei die westlichen Sektoren kreuzte. Herr Nomann hatte ihnen eine Flasche Wein in die Hand gedrückt, die sie während der Fahrt trinken sollten, um dadurch für die kontrollierenden Grenzbeamten unverdächtig zu wirken. Er begleitete sie nicht auf den Bahnsteig, sondern fuhr sofort mit seinem Wagen weiter, da er die Koffer noch in der gleichen Nacht über einen Mittelsmann expedieren wollte.

Die beiden meldeten sich zwei Stunden später in einem Westberliner Notaufnahmelager. Als Michael Kapell die Möglichkeit angeboten bekam, bei Verwandten in Köln zu wohnen, trennten sich die Freunde.

Bereits im Januar konnte Kapell an der Universität dieser Stadt sein unterbrochenes Studium fortsetzen. Nach Referendariat und Staatsexamen begann er als Lehrer für Deutsch und Englisch in der Nähe seines zweiten Studienortes, an einer Schule in Troisdorf, zu arbeiten. Drei Jahre später kaufte er ein kleines Reihenhaus in der Nähe des Schulgebäudes, da er sich entschieden hatte, an dieser Schule zu bleiben. Zu diesem Entschluß trug auch bei, daß er in einem Kölner Museum ein Mädchen kennengelernt hatte, das er heiraten wollte.

In seinen wenigen Mußestunden schrieb er Manuskripte zur englischen Geschichte für den Schulfunk des Senders Köln. Der zuständige Redakteur schätzte seine Arbeiten und forderte ihn wiederholt auf, häufiger für den Sender zu arbeiten, was Michael Kapell ablehnen mußte, denn sein Lehramt ließ ihm wenig freie Zeit.

Der Redakteur des Schulfunks wurde Ende 1979 pensioniert, und der Sender hatte sich ein halbes Jahr zuvor um eine Neubesetzung dieser Position bemüht. Auch Kapell, vom ausscheidenden Schulfunkleiter ausdrücklich ermutigt, bewarb sich um diese Stelle, denn ihm schien, daß sich in dieser Position Beruf und Neigung vortrefflich vereinbaren ließen. Im Sender gab man ihm zu verstehen, daß seine Bewerbung besonders aussichtsreich sei, und so machte er sich am Morgen des 3. April auf den Weg zum Kölner Sender, um sich mit anderen Bewerbern der kleinen Findungskommission zu stellen.

Es waren insgesamt fünf Personen, zwei Frauen und drei Männer, die an diesem Tag im Vorzimmer saßen und darauf warteten, vor die Kommission gerufen zu werden. Als die Sekretärin den ersten Bewerber ins Zimmer bat, konnte Kapell einen Blick hineinwerfen. Er nahm dort einen Mann wahr, der ihm bekannt vorkam, und er grübelte lange darüber nach, wo er diesen Mann schon einmal gesehen hatte. Dann stand er auf, ging ins Sekretariat und fragte eine der dort sitzenden Frauen, ob es möglich wäre, daß einer der Herren im Sitzungszimmer Edwin Schulze hieße. Die Sekretärin bejahte seine Frage. Michael Kapell erkundigte sich nochmals, ob dieser Herr Dr. Edwin Schulze sei und von drüben komme, aus dem anderen Teil Deutschlands. Die Sekretärin bestätigte dies und fügte hinzu, daß Dr. Schulze vor zwei Jahren über die Grenze gekommen sei. Damals hätten ihr Sender und mehrere Zeitungen über die Flucht dieses bekannten Politikwissenschaftlers und mutigen Regimekritikers berichtet. Seitdem würde er für den Kölner Sender arbeiten.

Kapell bedankte sich für die Auskunft und setzte sich wieder in den Vorraum.

Als er endlich aufgerufen und ins Zimmer gebeten wurde, kam Dr. Edwin Schulze auf ihn zu, gab ihm die Hand und sagte zu ihm: Wir müssen uns unbedingt sehen, Herr Kapell. Sehr bald. Ich muß wissen, wie Sie das da drüben so früh durchschauen konnten.

Daraufhin setzte er sich zu den anderen Kommissionsmitgliedern, und Kapell wurde aufgefordert, seine

Vorstellungen zu der künftigen Arbeit der Schulfunk-
redaktion zu äußern.

Vier Wochen später bekam er den schriftlichen Bescheid, daß man zum größten Bedauern des Senders
seine Bewerbung nicht berücksichtigen konnte, aber
unverändert Wert auf eine weitere und gute Zusammenarbeit lege. Eine Woche danach erhielt er ein Manuskript zurück, da es laut beiliegendem Vordruck
nicht sendefähig sei.

Nachdem ein zweites und drittes Manuskript mit
gleichen Begleitschreiben abgelehnt wurden, schickte
Kapell die Texte an einen norddeutschen Sender, der
sie ihm dankend abnahm und umgehend sendete.

Kapell blieb in Troisdorf wohnen. Er war unterdessen verheiratet und hatte zwei Kinder, einen Jungen und ein Mädchen, für die er den Dachboden seines Hauses ausbauen ließ. Er unterrichtete weiterhin
Deutsch und Englisch an der nahe gelegenen Schule
und schrieb in seiner Freizeit unermüdlich Manuskripte zur englischen Geschichte für den Schulfunk.
Die Zusammenarbeit mit dem Kölner Sender stellte er
ohne jede Verbitterung ein, zumal seine Arbeiten mittlerweile von jenem norddeutschen Sender hochgelobt
und gern produziert wurden.

Seinen früheren Dozenten und Seminargruppenbe-
treuer Dr. Edwin Schulze sah und sprach Michael Kapell nie wieder.

Die Krücke

Ich sitze gern am Fluß. Hier ist es still, nur das Wasser rauscht, und die Weidenruten bewegen sich. Hier kann ich tun, was ich will, hier stört mich keiner. Noch lieber sitze ich auf der Autobahnbrücke und schau auf die Autos, wie sie unter mir dahinjagen, daß die Brücke zittert. Aber auf der Autobahnbrücke sind viele Jungens aus meiner Schule, und ich bin lieber allein. Und hier, am Fluß, habe ich auch mein Versteck und alles, was nur mir gehört. Keiner weiß etwas davon, und keiner kann es mir wegnehmen.

Jetzt warte ich auf Mutter. Sie arbeitet drüben in der Fabrik. Sie hat es gern, daß ich sie abhole, auch wenn sie sagt, ich soll besser zu Hause bleiben und auf Tina aufpassen, meine Schwester. Aber ich weiß, sie freut sich, weil ich hier warte.

Von meinem Versteck weiß sie nichts. Das könnte ich ihr nie im Leben sagen, weil ich ihr doch versprochen habe, nicht mehr zu stehlen. Und ich wills ja auch nicht, nur daß ich es immer wieder vergesse. Hinterher tuts mir leid, und mit dem meisten Zeug kann ich nichts anfangen. Ich kanns nur in mein Versteck bringen, denn in der Stadt würde man mich gleich fragen, woher ich es habe, und alles würde herauskommen.

Mit dem Messer ist es genauso. Es ist ein sehr schönes Messer, es hat eine Schere und drei Klingen und einen Korkenzieher und eine Feile und noch etwas, von dem ich nicht weiß, wofür man es braucht. Es gehört dem Herrn Doktor, und jeder Schüler kennt es, denn im Unterricht säubert er sich damit die Fingernägel. Jeden Tag säuberte er sich damit die Fingernägel, aber nun gehört es mir. In die Schule kann ich es nicht mitnehmen und nach Hause auch nicht. Wo doch der Herr Doktor nur das Beste für mich will. Er hat es mir immer wieder gesagt, und Mutter sagt es auch. Und ich will nicht, daß Mutter meinetwegen weint, denn sie hat es ohnehin schwer mit uns beiden, mit meiner Schwester und mir. Und seit sie die Arbeit in der neuen Fabrik auf den Muldewiesen bekam, ist sie oft böse mit uns und schreit uns an. Sie schlägt mich jetzt auch, aber das tut mir nicht weh, und wenn ich heule, dann nur, weil Mutter mir leid tut. Sie sollte mich nicht schlagen, wo ich doch der einzige Mann in unserer Familie bin und bald der Ernährer. Und dann muß sie auch weinen, und das ist eigentlich das Schlimmste.

Ich hab ihr versprochen, nicht mehr zu stehlen. Aber ich muß die Brille bezahlen, und der Mann hat gesagt, sie wird acht Mark kosten. Ich weiß nicht, woher ich das Geld nehmen soll. Zu Mutter kann ich nicht gehen, wo sie doch schon für die Schuhe spart, denn meine alten will der Schuster nicht mehr reparieren. Er sagt, das Leder ist zu brüchig. Und ich brauche die acht Mark.

In sechs Jahren werde ich ein Mann sein. Dann arbeite ich und bin kein Dummkopf mehr. Ich werde viel Geld verdienen, sehr viel Geld, und Mutter wird nicht mehr in die Fabrik gehen müssen und abends nicht mehr die Wäsche flicken, die jetzt überall in unserer Stube herumliegt. Sie wird zu Hause sitzen, und ich werde soviel Geld haben, daß wir die kaputten Schuhe einfach zum Fenster rauswerfen und in den Laden gehen können und uns neue kaufen, ganz neue und sehr teure. Ich will, daß Mutter rote Schuhe trägt, aus richtigem Leder. Ich weiß, Mutter würde das stehen. Sie ist eine schöne Frau, das sagt der Herr Doktor auch. Manchmal, wenn sie sich wäscht, schickt sie mich nicht aus der Küche, und ich sitze auf dem Hocker und sehe ihr zu. Ich hab schon gedacht, daß ich dabei einmal sterben müßte, weil ich vergesse zu atmen, so schön ist sie. Nur daß sie die verweinten roten Augen hat und so viel mit mir herumzankt, aber das ist wegen der Fabrik und weil ich immer wieder Dummheiten anstelle, weil ich nicht klug bin. Der Herr Doktor sagt es auch. Ich bin ein Dummkopf, sagt er, ein ausgemachter Dummkopf. Aber er sagt auch, ich werde einen anständigen Beruf bekommen, wenn ich mich anstrenge, denn ich bin stark. Der Herr Doktor meint es sehr gut mit mir. Schlimm ist nur, daß er auch vor der Klasse sagt, ich bin ein Dummkopf. Dann lachen alle und gucken auf meinen Mantel oder auf meine Schuhe und sagen, daß ich schon einmal im Heim war und bestimmt wieder dahin kommen werde. Ich habe die Stärksten aus der Klasse verprügelt, ich bin viel stärker als alle. Aber es hat nichts genutzt, sie sind feige und haben mir zusammen aufgelauert und sogar mit Steinen geworfen. Und der Herr Doktor hat mich am Ohr genommen und gesagt, daß er mich bestrafen muß, er hat es meiner Mutter versprochen, mich zu erziehen und einen richtigen Menschen aus mir zu machen. Und dann mußte ich nachsitzen, und am Abend hatte Mama ihre traurigen Augen und mich wieder so angeguckt, ich kann sie nicht belügen. Mama ist der einzige Mensch auf der Welt, den ich nicht belügen kann, obwohl es besser wäre. Aber es geht nicht. Vielleicht weil ich weiß, wie schön sie ist.

Jetzt habe ich mich mit dem Messer geritzt. Es ist eben wunderbar scharf. Ich glaube, mit solch einem Messer ist man unbesiegbar. Es ist so gut wie ein Ziegelstein, nur leichter, und man kann es in die Tasche stecken. Mit einem Ziegelstein ist man auch unbesiegbar.

Im vorigen Jahr habe ich einen viel größeren Jungen mit einem Ziegelstein besiegt. Er hatte Krücke zu mir gesagt und noch etwas Schlimmeres und dann gelacht, weil mir vor Wut die Tränen kamen. Aber als ich den Ziegelstein aufhob, ist er gerannt. Er ist ganz schnell gerannt und hat geschrien und hatte richtige Angst vor mir. Später hat er in der Schule erzählt, daß ich im Kopf nicht normal bin und man sich vor mir in acht nehmen muß und daß ich die Tobsucht habe. Aber das ist Unsinn. Er hat mich geärgert, und ich habe ihn besiegt, mit einem Ziegelstein, das war alles. Und irgendwie war ich froh, daß er so schnell weggerannt ist. Ich hätte ihm den Stein ins Kreuz geworfen, so wütend war ich, und wer weiß, was sie dann mit mir gemacht hätten.

Mit einem Messer ist es natürlich viel besser. Einen Ziegelstein kann man nicht mit sich herumschleppen. Ich habe es versucht, aber der Ranzen war viel zu klein, und die Hefte gingen kaputt. Mit einem Messer ist das eine ganz andere Sache. Nur daß ich nichts damit anfangen kann, alle kennen es. Ich kann es nur hier am Fluß benutzen, wo ich auf Mutter warte und überlege, was ich ihr sagen werde.

Der Herr Doktor hat eine knochige Hand. Wie eine Kralle. Sie bohrt sich in meine Schulter, wenn ich ihn zur Schule bringe. Richtige braune Flecken habe ich da, die gar nicht mehr weggehen. Aber ich beklage mich nicht, denn er will aus mir was machen, obwohl ich so dumm bin und nur schlechte Zensuren bekomme. Und es ist nicht zuviel verlangt, daß ich ihn jeden Morgen in die Schule bringe, wo er so viel für mich macht. Er ist krank und alt und muß sich irgendwo aufstützen. Die Kinder lachen über mich. Sie sagen, ich bin der Esel des Herrn Doktor, weil ich seine Tasche tragen muß, und sie rufen mich Krücke. Früher habe ich manchmal zugeschlagen, weil ich stark bin und mir nichts gefallen lassen muß. Aber dann kamen die Eltern zu dem Herrn Doktor in die Schule, und er hat mich bestrafen müssen. Und Mutter hat gesagt, man wird mich ins Heim stecken. Aber das will ich nicht. Ich will nie wieder von Mama weg, lieber will ich tot sein.

Die Tasche des Herrn Doktor ist schwer, aber wenn ich Schmied werden will, brauche ich Muskeln. Früher ist Katharina mitgegangen, meine Schwester. Sie ist viel kleiner als ich und auch dümmer. Sie hat meinen Ranzen getragen und ich die Tasche des Herrn Doktor. Aber dann hat Katharina ihn einmal getreten und geschrien, er soll mir nicht weh tun. Da war der Herr Doktor sehr böse auf uns, und seitdem bringe ich ihn allein in die Schule. Das ist kinderleicht für einen starken Kerl, wie ich einer bin, und das sagt der Herr Doktor auch. Unangenehm ist nur sein Geruch. Er riecht aus dem Mund und hat eine Krankheit, die vom Magen kommt, wie er sagt. Aber jetzt atme ich nur wenig und ganz schnell, wenn ich ihn zur Schule bringe, so daß ich ihn kaum riechen muß.

Er spricht auf dem Schulweg immer mit mir, denn ich war ja einmal im Heim und muß viel nachholen. Das ist furchtbar schwer. Ich kann nicht begreifen, warum die Musiknoten Namen haben, die Buchstaben sind und mich an die schlechten Zensuren erinnern. Ich darf jetzt auch nicht mehr im Chor mitsingen, weil ich die Namen der Noten nicht behalte und verstockt bin.

Wenn ich Mutter aus der Fabrik abhole und am Fluß auf sie warte, erfinde ich manchmal Lieder und singe sie ganz laut. Mutter sagt, ich habe eine schöne Stimme, und wenn der Herr Doktor abends nicht zu uns kommt und ich neben Mama einschlafen darf, muß ich ihr meine Lieder vorsingen. Sie will es so. Sie lacht und sagt, ich würde einmal ein richtiger Musiker werden. Aber das ist nur ein Spaß, denn ich kann mir nicht die Namen der Noten merken, und außerdem werde ich Schmied, weil ich stark bin und schwer begreife. Und ein kräftiger Dummkopf wie ich ist als Schmied wie geboren.

Rechnen habe ich gern. Es ist lustig, was man alles mit Zahlen anstellen kann. Doch der Herr Doktor sagt, ich störe den Unterricht, weil mir immer so viel durch den Kopf geht und ich es gleich heraussage. Darum nimmt mich der Herr Doktor auch nicht dran. Und das ist gut für mich, dann lachen die anderen nicht mehr über mich.

Jetzt hat in der Fabrik die Sirene geheult. Was soll ich ihr sagen? Am liebsten würde ich zu Mama ins Bett kriechen und bei ihr einschlafen. Dann brauchte ich nichts denken, und Mama riecht so gut. Aber ich weiß ja, es hilft nichts.

Schuld ist mein Kopf. Er ist schwer von Begriff. Vielleicht habe ich wirklich nur Mist und Sägemehl drin, wie der Herr Doktor sagt, wenn er mit dem Knöchel auf meinen Kopf pocht. Und vielleicht lerne ich deswegen schlecht, obwohl ich mich anstrenge. Aber wenn einer Sägemehl im Kopf hat, warum quält man ihn? Ich will ja nur nicht von Mama weg. Ich will nicht ins Heim. Nicht, daß es mir dort nicht gefällt. Es war schön dort, alle waren viel freundlicher, auch die Lehrer. Es war wirklich eine schöne Zeit dort. Nur, daß Mutter fehlte.

Doch daß Kuchen ungesund für mich ist, das weiß ich schon. Wenn ich den Herrn Doktor zur Schule bringe, bleibt er jeden Morgen vor dem Bäcker stehen. Er holt sein schwarzes Portemonnaie heraus, ein sehr dickes, schwarzes Portemonnaie mit vielen Geldscheinen. Ein Portemonnaie, wie ich es einmal haben werde, nur daß meins nicht voller Tabakkrümel sein wird. Denn beim Herrn Doktor kleben überall Tabakkrümel, sogar im Gesicht. Mit seinen behaarten Fingern sucht er nach Kleingeld und schickt mich in den Laden, um ihm zwei Streuselschnecken zu holen. Jeden Morgen zwei Streuselschnecken, die mir die Bäckerin in weißes Seidenpapier wickelt. Wenn ich sie dem Lehrer gebe, fragt er mich jedesmal, ob ich eine haben möchte. Dann muß ich sagen, daß ich viel lieber mein Schwarzbrot esse, das Mutter mir mitgegeben hat, und er nickt zufrieden. Früher, als ich noch dümmer war, habe ich gesagt, daß ich sehr gern eine Streuselschnecke essen würde. Aber der Herr Doktor hat mich am Ohr genommen und gesagt, wie schädlich dieser Kuchen für mich ist und daß ich nur Schwarzbrot essen darf, weil ich ein kräftiger Schmied werden soll. Aber jetzt ist der Herr Doktor zufrieden, weil ich mich höflich bedanke und seinen Kuchen ablehne. Dann steckt er das Päckchen aus weißem Seidenpapier in die Tasche, und ich darf gleich mit ihm weitergehen.

Nur daß seine Finger sich in meine Schulter krallen und ich seinen Atem nicht riechen will. Aber da bin ich undankbar, sagt Mutter, und ich weiß ja auch, daß man mich wieder ins Heim steckt, wenn ich nicht willig bin.

Vielleicht wäre es einfacher, wenn nicht alle so um mich bemüht wären, der Herr Doktor und der Mann von der Fürsorge. Sie wollen aus mir einen Menschen machen, der anderen Leuten ins Gesicht sehen kann. Sie kümmern sich alle um mich, und ich muß ihnen dankbar sein. Und Mama muß auch freundlich zu ihnen sein.

Einmal kam sie in die Küche, wo Katharina und ich schlafen. Und ich habe die Augen zugemacht, weil der Herr Doktor kam und er nicht mit mir reden sollte. Mutter war schön, so schön, als ob sie sich waschen will. Und der Herr Doktor ging hinter ihr her. Er hustete immerfort. Und ich habe gesehen, sie wollte nicht, daß er sie anfaßt, wo sie doch so schön ist. Aber dann sind sie wieder in die Stube gegangen, und Mama hat mich allein gelassen.

Ich will nicht, daß sie sich in ihrem Zimmer einschließt. Es ist schrecklich für mich, und ich bekomme Angst, denn Mama verändert sich dann so. Sie spricht ganz anders, wie mit einer fremden Stimme, so daß ich sie nicht erkenne. Ich fürchte, daß sie weggeht und mich vergißt, mich und Tina, meine Schwester. Und wenn ich Mutters fremde Stimme höre und den Atem des Herrn Doktor und sein Husten, krieche ich unter die Bettdecke und schwöre, nie wieder Dummheiten anzustellen. Ich habe dann fürchterliche Angst.

Ich habe überhaupt viel Angst. Das ist dumm von mir, weil ich doch stark bin und sogar schon eine Schlange geköpft habe. Ich habe eben Angst, und ins Heim gehe ich nicht, auch wenns da viel schöner ist. Gefallen lasse ich mir aber nichts. Auch nicht von den Großen, und wenn sie mich verprügeln. Die Jungs auf der Autobahnbrücke haben gesagt, ich bin der Sohn des Herrn Doktor, was eine Lüge ist, weil wir erst zwei Jahre in der Stadt wohnen, und davor war ich im Heim und davor ganz woanders. Und es ist eine gemeine Lüge, denn der Herr Doktor ist alt und häßlich, und er stinkt überall, auch wenn er für mich sorgt. Ich habe die Jungen geschlagen, und sie haben mich verprügelt und die Ärmel von meinem Mantel abgerissen und mit Absicht meine Brille zerbrochen, die über acht Mark kosten wird. Und der Herr Doktor hat mich so am Ohr gezogen, bis ich wieder Nasenbluten bekam, und er hat gesagt, ich werde beim nächsten Mal in das Heim kommen.

Mit solch einem Messer könnte man allein leben, in einem Wald oder so. Als ich mit der Schlange gekämpft habe, hielt ich das Messer ganz fest in der Hand und hatte überhaupt keine Angst. Erst habe ich eine Steinplatte auf die Schlange geworfen, so daß sie nicht mehr fortkam. Dann habe ich einen dicken Ast auf sie gelegt, weil sie zappelte und den Kopf hin und her warf, obwohl sie nicht wegkam. Das war schwer mit dem Ast. Aber dann konnte sie sich nicht mehr bewegen, und ich hab ihr den Kopf abgeschnitten. Schlangenblut ist viel weißlicher als meins. Und bewegt hat sich der Kopf noch, nachdem ich ihn abgeschnitten hatte. Ich wollte die Zähne haben, aber ich fürchtete, der Kopf wird mich beißen. Und am anderen Tag war der

Kopf weg. Nur der Rest lag noch auf dem Stein, wo sie sich gesonnt hatte. Das Schlangenblut ist etwas weiß und etwas grünlich. Jedenfalls nicht rot.

Jetzt sitze ich am Flußufer und warte auf Mutter. Und ich weiß nicht, was ich ihr erzählen soll. Denn ich habe heute wieder einen Jungen geschlagen. Es war der Sohn vom Bäcker, und er wird es seinen Eltern erzählen, und dann ist es aus mit mir. Er war viel kleiner als ich. Aber als ich in die Schule kam, sagte er: Grüß dich, Krücke, zu mir. Und weil mir die Schulter schmerzte vom Griff des Herrn Doktor und weil ich keine Krücke bin, sondern stark, habe ich den Jungen ins Gesicht geschlagen, obwohl ich wußte, daß der Kleine mich nicht ärgern wollte. Er sagte Krücke, weil alle zu mir Krücke sagen.

Und jetzt wird Mutter gleich herauskommen, die Sirene hat schon wieder getutet.

Ich habe mir vorgenommen, heute nacht wachzubleiben. Und wenn der Herr Doktor nach Hause geht, will ich ihm nachgehen und ihn erschlagen, obwohl ich ihm dankbar sein muß. Dann komme ich nicht ins Heim, und in seinem Portemonnaie ist Geld genug, daß ich meine Brille bezahlen kann, ohne zu stehlen. Und ich werde Mutter Schuhe kaufen, und ich muß nie wieder in der Küche schlafen mit meiner Schwester. Ich werde jede Nacht bei meiner Mutter schlafen, und sie wird nicht zanken mit mir, wenn ich ihr die Schuhe gebe. Und bald bin ich auch ein Mann und der Ernährer der Familie.

Aber vorher muß ich den Herrn Doktor erschlagen, obwohl er nur mein Bestes will. Ich habe einen Ziegelstein unter mein Fenster gelegt. Den werde ich in eine Zeitung einwickeln, damit es ihm nicht weh tut, und dann werde ich ihm nachgehn. Und mit dem Ziegelstein werde ich ihn töten. Aber was soll ich tun, wenn er mich wieder in die Schulter krallt! Ich will nicht, daß Mutter wegen mir weinen muß. Es ist alles sehr schwer für einen Dummkopf, auch wenn er so stark ist wie ich. Und ich will nur bei meiner Mutter bleiben. Was soll ich tun, denn ich will nicht mehr stehlen.

Moses Tod

Mose war hundertzwanzig Jahre alt, als Jahwe ihn auf den Berg Nebo schickte, auf daß er von dort das gute Land sehe, welches Jahwe seinem Volk versprochen hatte. Mose sollte es vor seinem Tod sehen, aber er sollte es nicht betreten, denn sein Gott war mit ihm unzufrieden, hatte sich Mose doch gegen ihn vergangen und ihn inmitten der Israeliten nicht heiliggehalten.

Mose sah das Land bis an das Meer im Westen und die Gegend am Jordan und die Ebene von Jerichow, der Palmenstadt, bis Zoar. Und er starb auf dem Berg Nebo, und Jahwe selbst, so heißt es, begrub ihn dort. Aber niemand kennt sein Grab bis auf den heutigen Tag.

Von den Alten durfte allein Kaleb in das versprochene Land ziehen, denn er stand allezeit hinter Jahwe und wurde von diesem als ein treuer Knecht angesehen.

Unbekannt wie der Ort, an dem Mose begraben wurde, blieb auch sein Vergehen, womit er Jahwe derart erzürnt hatte. Eine Glaubensschwäche ihres langjährigen Führers vermuteten die meisten der Israeliten als Grund für die harte Bestrafung des alten Mannes. Andere, die vorgaben, mit Mose vertraut umgegangen zu sein, sprachen von einer Ungehorsamkeit des Alten, die ihn für Jahwe untragbar werden ließ. Auch mutmaßte man viel über die Wahl Jahwes, der Kaleb ausersehen hatte. Denn Kaleb war kein Israelit, und doch war er der einzige von den Alten, der mit dem auserwählten Volk das gute Land betreten und in Besitz nehmen sollte.

In einer Schrift, die man, nachdem die Israeliten das versprochene Land betreten hatten, öffentlich verbrennen mußte, da der Schreiber des Berichtes sich als starrköpfig und verlogen erwies und daher nicht weiter in dem hohen Amt eines Chronisten verbleiben konnte, gab es eine Darstellung von Moses Tod, die, wenngleich sie nicht mit den anderen Zeugnissen übereinstimmt und wenig Glauben erwarten darf, als abweichendes Zeugnis zu den Büchern über die Inbesitznahme des guten Landes durch die Israeliten erwähnt werden soll.

Auf Befehl Jahwes, so berichtete der verworfene Chronist, wurden fünfzehn Kundschafter in das gute Land gesandt, das ihnen versprochen war, auf daß sie es erforschen und den Israeliten Nachrichten bringen. Die fünfzehn Auserwählten kamen nach sechs Wochen zurück und gingen in die Zelte der Führer und sprachen mit Mose einen Tag und eine Nacht. Danach berichteten sie vor dem Volk, daß in dem guten Land tatsächlich Milch und Honig fließen, und sie zeigten die mitgebrachten Proben seiner Früchte. Aber das gute Land, berichteten sie weiter, sei uneinnehmbar, denn die Nachkommen Enaks leben darin, starke und mächtige Riesen, über alle Maßen groß, vor denen sie selbst wie Heuschrecken waren. Und die Kundschafter rieten der Gemeinde der Israeliten davon ab weiterzuziehen, denn die Wüste lasse mehr Hoffnung als das ausgekundschaftete gute Land, das sie zuletzt alle verschlingen werde. Einer der Kundschafter aber, Kaleb mit Namen, vertraute auf Jahwe und sagte: Laßt uns das gute Land einnehmen. Und Jahwe fand Gefallen an ihm.

In den Zelten der Führer jedoch hatten die Kundschafter zuvor anders zu Mose gesprochen. Ihre Furcht vor dem guten Land rührte nicht von den dort einwohnenden Riesen her. Was sie entsetzte und zur Umkehr raten ließ, war ihre Entdeckung, daß sich über dem guten Land kein Himmel wölbte. Kaleb verspottete die Ängstlichen und sagte ihnen, daß im guten Land der Himmel auf Erden sei. Und Jahwe fand Gefallen an ihm.

Da aber vierzehn der Kundschafter und mit ihnen Mose an dem versprochenen guten Land zu zweifeln begannen, sagte Jahwe: Weil ihr mir nicht geglaubt und mich vor den Augen der Israeliten nicht heiliggehalten habt, sollt ihr mein Volk nicht in das Land bringen, das ich ihm geben will. Keiner von allen, die mich durch Zweifel geschmäht haben, soll es zu sehen bekommen. Doch meinen Knecht Kaleb, den bringe ich dafür, daß ein anderer Geist mit ihm war und er völlig hinter mir stand, in das gute Land. Und seine Nachkommen sollen es in Besitz nehmen.

Bevor die Israeliten den Jordan überschritten, der das gute Land gegen die Wüste begrenzt, starben vierzehn der Kundschafter. Und ebenso Mose, der hundertzwanzig Jahre und rüstig und bei Sinnen war.

Und in der getilgten Schrift hieß es weiter: nicht Jahwe begrub Moses Leichnam und auch nicht Kaleb oder einer der Israeliten, sondern man ließ den entseelten Körper unbedeckt bei dem Berg Nebo liegen, so daß er den Vögeln und wilden Tieren zur Speise diente.

So sagt es der Bericht jenes unwürdigen Chronisten, dessen Name mit seinen Schriftrollen ausgelöscht und vergessen wurde. Die Israeliten aber, die in das gute Land zogen, dankten ihrem Gott für die erfüllte Verheißung. Und es verstörte sie nicht, daß sich kein Himmel über ihrem Land wölbt. Denn keiner vermißt ihn, wo der Himmel auf Erden ist. Wie Kaleb es ihnen gesagt hatte.

Matzeln

Am Tage meiner Ankunft in Erfurt saß ich zur Mittagsstunde im hinteren Zimmer einer Kneipe und aß, umgeben von sieben Handwerksmeistern dieser Stadt, Klöße mit Pflaumen.

Mein Gepäck hatte ich am Vormittag im Hotel abgestellt und war dann durch die Stadt gelaufen, bis ich in einer Seitenstraße diese Gaststätte fand. Die Wirtin hieß mich im Hinterzimmer Platz nehmen, an einem großen runden Tisch, der unbesetzt war, da eine verdreckte Faltkarte ihn in Reserve hielt und Gäste verschreckte. Ich hatte ihr versichert, nach Einnahme der Mahlzeit umgehend den Tisch zu verlassen.

Doch noch bevor mein Essen kam, tauchten die befugten Tischbenutzer auf, alles gewichtige Herren und Handwerksmeister, letzteres war ihrem Gespräch zu entnehmen. Der zuerst eintreffende Erfurter warf noch einen mißtrauischen Blick auf mich, doch bereits der zweite und die folgenden fünf Vertreter eines mir verborgen bleibenden Gewerbes musterten mich nur erstaunt, reichten mir jedoch wie ihren Zunftgenossen die Hand zur Begrüßung. Und wenn ich beim ersten Händedruck noch unschlüssig war, ob ich mich vorzustellen und meine Anwesenheit zu erklären oder gar zu entschuldigen hätte, die weiteren mir entgegengestreckten honorablen Hände schüttelte ich schon mit Würde und ohne jegliche verbale Zutat, entspre-

chend der Gepflogenheit. Nun warteten wir gemeinsam, ich auf mein Essen, die Meister auf den Wort-
führer ihrer Innung, wobei sie über die Lehrlinge
klagten und den Rat der Stadt, der offenbar unbegabte
Nichtsnutze ganz überflüssigerweise in einem ehren-
werten Beruf ausgebildet sehen und auf die Menschen-
kenntnis und Vorahnungen der Handwerker verzichten wollte. Schließlich bat einer von ihnen, eben als mir
die Wirtin den Teller gelangweilter Klöße servierte,
um Ruhe und erzählte die folgende Geschichte, für deren Wahrhaftigkeit er sich eingangs verbürgte:

In einem Kohlebergbau im Vogtland, von vier langsam verfallenden Dörfern begrenzt, ein fünftes hatte
der Untertageindustrie weichen müssen, wollte an einem Septembernachmittag ein Bergmann das Werksge-
lände verlassen. Vor dem Pförtnerhaus blieb er stehen,
die prallgefüllte Aktentasche unter den Arm geklemmt,
und starrte mit aufgerissenen Augen in die Sonne.
Dann ging er an dem geöffneten Fenster des Pförtners
vorbei, mit der rechten Hand seinen Schachtausweis
vorweisend.

Der Pförtner, der seit wenigen Wochen bei seiner im
Vogtland verheirateten Tochter lebte, nachdem ihm
daheim in Brandenburg die Frau gestorben war, arbeitete erst den dritten Tag im Schacht und verlangte von
den Kollegen, beim Betreten und Verlassen des Werks-
geländes ihr Betriebsdokument zu zeigen. Das war
nicht üblich, aber Vorschrift. Und so fügte man sich in
der Hoffnung, daß auch dieser Torwächter es lernen
werde, wachsam zu sein und ein Mensch zu bleiben.

Der Bergmann war an dem Häuschen bereits vorbei-
gegangen, als ihn der Pförtner zurückrief und von ihm
wissen wollte, was er in seiner Aktentasche habe.

Matzeln, erwiderte der Bergmann gleichmütig.

Der Pförtner blickte ihn verwirrt an und forderte ihn dann auf, die Tasche zu öffnen.

Der Bergmann hielt ihm die Tasche unter die Nase.

Der Pförtner starrte verständnislos auf den Tascheninhalt. Unter der blechernen Brotbüchse und der kleinen Thermosflasche lagen Holzstücke, runde Scheiben, fingerdick.

Was ist das? fragte er.

Das sind Matzeln, sagte der Bergmann, verschloß die visitierte Tasche und klemmte sie sich wieder unter den Arm.

Der Pförtner war, wie gesagt, neu. Neu im Betrieb und neu in der Landschaft. Er konnte nicht wissen, daß hier die Matzeln Matzeln heißen. Er wußte nicht einmal, was Matzeln sind. Er hätte den Bergmann fragen können, und der hätte es ihm erklärt. Er hätte ihm gesagt, daß die unbrauchbar gewordenen Wandruten und Spreizen und Jöcher, also Rundholz und Balken, die gesamte Bolzenschrotzimmerung, kurzum das Stützholz aus den Schächten, auf dem Holzplatz zu Matzeln zersägt werden, zu kleinen Holzscheiben, die waggonweise an interessierte Betriebe geliefert werden, vom Buchhalter erfaßt als industrielle Abnehmer. Und er hätte erfahren können, daß die Matzeln anderswo Klötzel heißen, und noch anderswo heißen sie noch anders. Im Vogtland aber sinds die Matzeln.

Aber der Pförtner fragte nicht, jedenfalls nicht danach, sondern erkundigte sich nur: Woher hast du sie, Kollege?

Vom Holzplatz, war die geduldige Antwort, wobei der Bergmann zu dem abfahrbereiten Bus sah, der ihn nach Hause bringen sollte.

Zeig deine Kaufbescheinigung.

Was?

Deine Kaufbescheinigung. Die Rechnung. Du wirst doch einen unterschriebenen Zettel haben.

Wozu einen Zettel? Was soll ich mit Zetteln?

Verstehe, eine Hand wäscht die andere, argwöhnte der Pförtner. Schriftliches ist belastend, nimmst du das Geld, nehm ich das Holz, gesehen hats keiner, und sachte, sachte wird der Betrieb betrogen.

Der Bergmann war fassungslos. Wer betrügt hier?

Du. Du und der Kollege vom Holzplatz. Er will das Geld in die eigene Tasche stecken, schreibt also keine Zettel aus, soll der Betrieb sehen, wo er bleibt. Schlau, schlau, aber nicht schlau genug.

Der Bergmann ergriff durch das geöffnete Fenster den Pförtner am Jackenaufschlag. Paß auf deine Worte auf, Freundchen. Also, wer betrügt hier?

Zeig die Kaufbescheinigung. Der Pförtner zappelte sich los.

Kaufbescheinigung, was zum Teufel! Warum soll ich die Matzeln kaufen! Es sind ja genug da.

Und da glaubst du, du kannst dir jeden Tag die Tasche mit Holzscheiten füllen?

Ja. Jeden Tag. Seit ich hier arbeite. Und das sind ein paar Jahre länger als du.

Das Holz ist beschlagnahmt, Kollege.

Der Bergmann starrte den Pförtner an. Dann sah er hinüber zum Bus, der jeden Moment abfahren mußte. Der Pförtner griff nach der Tasche, der Busfahrer hupte ungeduldig, und der Bergmann war verwirrt. Der Pförtner, der Bus, die Matzeln, der Pförtner. Sollte er dem Alten die Tasche an den Kopf werfen oder mit den Matzeln losrennen?

Da, du Idiot.

Er leerte seine Aktentasche durch das Fenster, so daß dem erschreckten Pförtner die Holzscheite auf den Füßen tanzten. Unter dem Arm die Tasche, die nun völlig geleerte Tasche, die Brotbüchse und Thermosflasche in der Hand, so erreichte der Bergmann den Bus.

Wütend stieg er ein und ließ sich auf einen Sessel fallen. Empört erzählte er dem Sitznachbar, was ihm der Neuling im Pförtnerhaus angetan hatte. Die hinter ihm sitzenden Kollegen wurden aufmerksam, und er mußte seine Geschichte nochmals erzählen. Es gab Gelächter, und nun wollten es alle hören, und der Bergmann mußte zum dritten Mal berichten. Er trug nun ausführlicher vor, länger und wirkungsvoller, mit vielen Worten und Wendungen und sogar mit einem halbwegs passenden Sprichwort. Er redete die ganze Busfahrt über. Er redete so lange, daß für die Frau daheim nur ein mürrisches: Was solls schon gegeben haben! übrigblieb.

Nach dem Abendessen holte er sich die Zeitung und ein Bier, da war der Pförtner bereits vergessen. Dann kam der tägliche Gang zum Kleinvieh hinterm Haus, alles hatte einem der Bergbau nicht nehmen können, trotz Neubau und modischem Wäschetrockenplatz. Später setzte er sich vor den Fernsehapparat, bis die Frau die Betten zurechtgemacht hatte.

Als der Bergmann am folgenden Tag aus dem Schacht aufstieg, teilte ihm der Schichtleiter mit, daß der Direktor ihn sprechen wolle. Er ging also zum Verwaltungsgebäude, noch in der geschwärzten Arbeitskleidung, das war wirkungsvoller für die Büros. Der Kohlenstaub an Gesicht und Händen verdickte sich unter dem anhaltenden Nieselregen zu einer streifigen Paste. Die Sekretärin sagte ihm, er werde erwartet. Sie öffnete eine Tür, er trat ein. Ein angedeutetes Kopfnikken, das ebenso erwidert wurde. Der Betriebsdirektor und der Parteisekretär blickten ihn bekümmert an. Schließlich ein: Kollege!

Nichts weiter. Aber es schwang vielerlei mit, Enttäuschung vor allem.

Ein wachsamer Pförtnerkollege habe ihn des Holzdiebstahls überführt, der fortgesetzten und widerrechtlichen Aneignung von Volkseigentum! Es seien nach detaillierten Berechnungen des Pförtners wohl drei Waggons Stützhölzer. Mit einer Rüge sei das nicht erledigt. Dann fielen Worte wie: gerichtliches Nachspiel, und: wir bitten dich um eine Stellungnahme, Kollege.

Der Bergmann schwieg. Fassungslos schüttelte er den Kopf. Wortlos bat er um eine Zigarette.

Was heißt fortgesetzter Diebstahl? Was hat diese kleine Kröte von Pförtner bloß erzählt?

Der Parteisekretär trat auf ihn zu und gab ihm Feuer. Er suchte in dem kohleverschmierten Gesicht die Augen des Hauers.

Was ist in dich gefahren, Kollege? Hast du das nötig? Kein Mensch hätte was gesagt, wenn du dir jeden Tag ein paar Matzeln mitnimmst. Aber, Kollege, drei Waggons Stützhölzer!

An dieser Stelle brach der Erzähler ab. Eine Anmerkung des Handwerksmeisters wollen wir jedoch nicht unterschlagen, wenngleich sie uns keinen weiteren Aufschluß über das fernere Schicksal des Bergmanns gibt. Er sagte, weit ausholend, daß trotz ihrer täglichen Gewohnheit den Bergleuten ihr letztes Zur-Grube-Fahren wohl nicht leichter werde als anderen Leuten.

Doch er hoffe, wenn er selbst einst vor seinem Richter stehe, nur nach all seinen Matzeln gerichtet zu werden, und daß nicht unter den Engeln und Erzengeln und Heiligen ein preußischer Advokat und Rechenmeister sitze, der akkurat zusammenzähle, addiere und summiere. Es könnten sonst leicht mehr als drei Waggons Stützhölzer zusammenkommen.

Nach dieser beifällig aufgenommenen Bemerkung stand ich auf, klopfte kurz auf die Tischplatte und wurde mit einem ebensolchen Klopfen der Honoratioren verabschiedet. Und während ich an der Theke mein Mittagessen bezahlte, warteten meine zufälligen Tischgenossen noch immer verdrossen auf den Vorsitzenden ihrer mir rätselhaft gebliebenen Innung.

Die Vergewaltigung

Zwei Tage nach dem siebzehnten Geburtstag von Ilona R., Tochter eines Landarbeiters in einem Dorf östlich von Prenzlau, wurde ihre vierundsechzigjährige Großmutter im August 1945 von zwei marodierenden Soldaten der sowjetischen Streitkräfte vergewaltigt. Die beiden Soldaten hatten sich gewaltsam Zugang zu dem Bauernhaus verschafft, dessen Eingangstür verriegelt war. Sie trafen nur die alte Bäuerin an, da diese, während die Soldaten das Tor des Gehöfts und die Haustür aufbrachen, die Zeit genutzt hatte, ihre Schwiegertochter und ihre Enkelin in der Räucherkammer auf dem Dachboden zu verstecken. Männer wohnten zu dieser Zeit nicht auf dem Gehöft; der Ehemann der Großmutter war zwei Jahre zuvor verstorben, und ihr Sohn, Ilonas Vater, befand sich in englischer Kriegsgefangenschaft.

Als sie hörten, daß nur die Großmutter im Haus sei, durchsuchten die Soldaten sämtliche Räume. Kleidungsstücke und verschiedene Gegenstände der Einrichtung verwiesen sie darauf, daß noch andere, jüngere Frauen im Haus leben mußten. Sie schlugen Ilonas Großmutter, um das Versteck zu erfahren, doch die alte Frau blieb hartnäckig bei ihrer Behauptung, allein zu wohnen.

Die angetrunkenen Soldaten vergewaltigten darauf die Bäuerin und verließen danach das Gehöft, wobei sie zwei Kisten mit Apfelwein, die sie im Keller gefunden hatten, mitnahmen.

Die alte Frau verriegelte notdürftig die zerstörte Tür und befreite dann ihre Schwiegertochter und ihre Enkelin aus der Räucherkammer. Sie machte Wasser warm, stellte sich in der Küche in einen Waschzuber und ließ sich von den beiden jüngeren Frauen von Kopf bis Fuß gründlich waschen. Da Schwiegertochter und Enkelin nicht aufhörten zu weinen, umarmte die alte Frau, aufrecht und nackt im Zuber stehend, die beiden und sagte begütigend: Was heult ihr dummen Küken? Hab ich mir ein Bein gebrochen?

Die Bäuerin zeigte das Verbrechen bei der sowjetischen Kommandantur an, doch die beiden Soldaten wurden nicht entdeckt, denn die alte Frau war nicht bereit, dem Wunsch des jungen russischen Leutnants zu folgen und die angetretenen Soldaten abzuschreiten, um die beiden zu identifizieren. Der Leutnant garantierte ihr, daß die von ihm gewünschte Gegenüberstellung für sie keinerlei unangenehme Folgen haben werde, mußte aber schließlich verärgert die Frau gehen lassen.

Ilona verließ im darauffolgenden Jahr ihr Heimatdorf und wurde in einer kleinen Stadt an der neuen Grenzlinie zu Polen Sekretärin des Bürgermeisters.

Der Bürgermeister, ein Ziegeleiarbeiter, war wegen einer wehrkraftzersetzenden Äußerung während der Nazizeit zwei Jahre inhaftiert gewesen und ausschließlich auf Grund dieser Haftstrafe und ohne jede weitere Qualifikation für das höchste Stadtamt ausgewählt worden. Er hatte die Ernennung nur ungern und widerwillig akzeptiert, denn er scheute die Büroarbeit. Da er nach eigener Ansicht keinerlei Voraussetzungen für dieses Amt besaß – er war nahezu ein Analphabet –, war er Ilona dankbar, daß sie, nachdem sie seine Behinderung begriffen hatte, wie selbstverständlich das Schreiben und Lesen der amtlichen Formulare und Akten für ihn übernahm. Sie übte täglich mit dem schwitzenden Bürgermeister im verschlossenen Amtszimmer, um den vergessenen oder verschütteten Schulstoff für den fünfzigjährigen Mann wieder nutzbar zu machen, so daß er schon ein Jahr später, und noch ehe seine Beschränkung bekannt und zum Stadtgespräch werden konnte, mit der Grammatik und der schriftlichen Verwendung der deutschen Sprache soweit zurechtkam, daß er selbständig und sicher seine beruflichen Aufgaben erfüllen konnte.

Aus Dankbarkeit und aus dem Gefühl, der jungen Frau eine ähnliche Schmach – als solche empfand er seine mangelnde Ausbildung – ersparen zu müssen, drängte er Ilona, ihre früh abgebrochene Schulbildung fortzusetzen. Er sorgte dafür, daß sie von der Arbeiter-und-Bauern-Fakultät, einer kurz zuvor gegründeten Ausbildungseinrichtung für diejenigen, die auf Grund ihrer sozialen Herkunft bisher keine ihrer Begabung gemäße Bildung hatten erhalten können, aufgenommen wurde, um die Hochschulreife zu erlangen.

Auf dieser Schule lernte Ilona Jürgen S., ihren späteren Mann kennen, einen vierundzwanzigjährigen, beinamputierten Kriegsteilnehmer. Mit ihm zusammen studierte sie in Berlin fünf Jahre Jura, beide wurden danach Assistenten an der Humboldt-Universität und verfaßten ihre Dissertationen. Ihr Mann blieb an der Universität und zählte dort zu den jüngsten Professoren. Ilona wurde Staatsanwältin und wechselte acht Jahre später in ein Ministerium über. Mit dreißig bekam sie ihr erstes Kind, im Abstand von zwei Jahren folgten zwei weitere. Mit fünfundvierzig wurde sie in ihrem Ministerium stellvertretende Staatssekretärin. Beide, Ilona und ihr Mann, waren gesellschaftlich sehr aktiv und wurden mehrmals ausgezeichnet.

Unterdessen war die Frankfurter Allee in Berlin, die früher Große Frankfurter hieß und nach dem Krieg ein Trümmerfeld war, am Geburtstag und zu Ehren des sowjetischen Staatsmannes in Stalinallee umbenannt worden und der erste Grundstein für die neu zu errichtenden Gebäude gelegt. In der Allee war ein Denkmal Stalins aufgestellt und eine Sporthalle anläßlich der 3. Weltjugendfestspiele eingeweiht worden. Glückliche Mieter waren in die fertiggestellten Wohnungen der Allee eingezogen, und erstmals in Europa wurde die Skelettbauweise mit Stahlbeton beim Wohnungsbau in der Stalinallee angewandt. Die Bauarbeiter der Allee streikten in einem Frühjahr und lösten damit einen landesweiten Aufstand aus, der mit der Hilfe sowjetischer Panzer beendet wurde. Das Denkmal Stalins wurde in einer Nacht umgestürzt, an einen unbekannten Ort abtransportiert und später dem Stifter der Bronze, der Sowjetunion, zurückgegeben. Die zweite Bauetappe der Allee, die nun über den Strausberger Platz hinaus zum Alexanderplatz führte, begann. Die Stalinallee wurde in Karl-Marx-Allee umbenannt, und der Staatsmann Walter Ulbricht besichtigte das neu entstandene Hotel in der Allee, lobte den Bau und kritisierte, daß die Bauleute für ein Treppengeländer Holz verwandt hatten statt Plastik; farbige Plaste, sagte er, sei dafür großartig geeignet, man möge künftig daran denken. Die Fachleute, die Architekten und Bauleute, dankten Walter Ulbricht und versprachen, seinen Vorschlag bei ihren nächsten Bauten zu beherzigen. Und die Sporthalle wurde wegen Einsturzgefahr von der Baupolizei gesperrt, da für ihre Konstruktion ein ausgebranntes und beschädigtes Stahlskelett aus dem im Krieg zerstörten Zentralviehhof übernommen worden war, das nun nachzugeben drohte. Man begann die Häuser in der Großblockbauweise zu errichten, und die Sporthalle wurde abgerissen. So entstanden die Allee und die Stadt neu aus Trümmern, und das Leben ging seinen Gang in dieser schönen und grimmigen Welt, und die Zeitungen des Landes berichteten von der schönen Welt und schwiegen über die grimmige.

Im Januar 1983 wurde Ilona vom Direktor der Oberschule ihres Wohngebietes gebeten, an einem Sonntag im April die festliche Ansprache zur Jugendweihe der vierzehnjährigen Jungen und Mädchen zu halten. Ilona S. stimmte sofort zu. Zweimal besuchte sie die Vorbereitungsstunden der Jugendlichen, um sie kennenzulernen.

Die Jugendweihe fand in einem nah gelegenen Kinosaal statt. Vor den festlich gekleideten und dadurch eher noch unreifer wirkenden Jugendlichen stand Ilona auf der mit Fahnen und Blumen geschmückten schmalen Bühne des Kinos und sprach über den Tag der Befreiung vom Hitlerfaschismus und über die schweren Anfangsjahre der Republik. Sie berichtete, wie sie als Halbwüchsige die Niederlage der deutschen Wehrmacht erlebt hatte, vom Einmarsch der Sowjetsoldaten in ihrem Dorf und von der Erleichterung der Bauern, daß die Jahre der Nazibarbarei endlich vorbei waren. Sie schilderte den Jugendlichen, wie der Bauernführer des Ortes sich zu verstecken und später als Gegner und Opfer der Nazis darzustellen versucht hatte, und sprach über die zurückliegenden Schwierigkeiten, ein neues Leben auf den Trümmern einer untergegangenen Welt zu organisieren. Und immer wieder erzählte sie von zusätzlichen Brotverteilungen durch die Kommandantur, von der schnell entstehenden Freundschaft zwischen den Dorfkindern und den fremden Soldaten und von der wie selbstverständlichen Erntehilfe durch die sowjetischen Truppen. Sie erzählte, daß sie selbst als junges Mädchen von den Soldaten häufig etwas Eßbares zugesteckt bekommen habe und daß ihre Großmutter, als diese bei der Stallarbeit von einer Kuh unglücklich getreten wurde, vom Kommandanten persönlich ins Prenzlauer Krankenhaus gefahren worden sei. Ihren Bericht beendete sie mit der Mahnung, stets die Freundschaft mit anderen Völkern zu pflegen, besonders mit jenen, die Deutschland vom Faschismus befreit hatten, damit diese finsteren Jahre der deutschen Geschichte endgültig und unwiederbringlich vorbei seien. Mit diesem Wissen um die Vergangenheit, so schloß sie ihre Ansprache, seien die jungen Menschen verpflichtet, für eine demokratische Zukunft zu arbeiten und ihre ganze Kraft für die sozialistische Republik einzusetzen.

Die angesprochenen Jugendlichen hörten ihrer Rede unaufmerksam zu. Sie waren mit ihrer neuen Garderobe beschäftigt und unterhielten sich leise über die Geschenke, die sie an diesem Tag bereits erhalten oder noch zu erwarten hatten.

Nach der Feier waren Ilona und ihr Mann Gäste des Schuldirektors, der in der benachbarten Gaststätte einen Tisch hatte reservieren lassen und sich dort überschwenglich für die Festrede bedankte, die er als besonders gelungen und beeindruckend rühmte.

Am Nachmittag, als das Ehepaar wieder in seine Wohnung im obersten Stockwerk der Rathauspassagen zurückgekehrt war und bei einem Kaffee zusammensaß, um sich einen alten Spielfilm im Fernsehen anzuschauen, sagte Ilona zu ihrem Mann: Du hast mir noch gar nichts gesagt. Wie hat dir denn meine Rede gefallen?

Der Mann schwieg lange, so lange, daß Ilona ihn verwundert ansah und ihn schließlich aufforderte zu antworten.

Ihr Mann sagte sehr leise: Das war doch nicht nötig, Ilona.

Ich verstehe nicht, was du meinst, erwiderte seine Frau ungewöhnlich scharf, es war alles die Wahrheit, was ich erzählte.

Ich weiß, sagte er und nickte beruhigend, aber deine Großmutter, sie ist doch von den Russen nicht nur ins Krankenhaus gefahren worden. Du hast mir jedenfalls noch etwas anderes erzählt.

Ja, und? fragte Ilona fassungslos, willst du, daß ich den Kindern davon erzähle? An einem solchen Tag? Bei einer solch feierlichen Gelegenheit, willst du das wirklich?

Nein, sagte ihr Mann, aber dann hättest du das andere auch nicht erzählen müssen.

Ilona stand auf, sie zitterte am ganzen Körper.

Du bist ja, sagte sie und suchte nach Worten, du bist ja ein …

Ohne den Satz vollenden zu können, verließ sie das Zimmer. Er hörte sie im Nebenzimmer laut weinen. Kurz danach vernahm er das Zersplittern eines Glases. Er stand auf, um zu ihr zu gehen, aber bevor er die Tür erreichte, wurde diese geöffnet. Ilona stand mit tränenüberströmtem Gesicht im Türrahmen, sah ihren Mann an und sagte: Du bist ein Faschist.

Aber Ilona, sagte er nur.

Sie schlug die Tür zu. Er wartete einen Moment, dann folgte er ihr ins Schlafzimmer. Sie lag auf dem Bett, von einem heftigen Weinkrampf geschüttelt. Er streichelte ihr Haar. Als sie seine Berührung spürte, drehte sie sich zu ihm um und schrie mit verzerrtem Gesicht: Faß mich nicht an, du Faschist.

Eine Stunde später weinte sie noch immer. Ihr Mann brachte ihr eine Beruhigungstablette und ein Glas Wasser, und sie ließ sich wie eine Schwerkranke die Tablette geben und das Wasser einflößen. Er setzte sich ans Bett und wischte behutsam ihre Stirn ab. Leise weinend ließ sie es sich gefallen. Langsam beruhigte sie sich und schlief ein, während ihr Mann neben ihr saß. Und nur gelegentlich noch wurde ihr Körper von einer nervösen Zuckung geschüttelt, so als würde sie noch im Schlaf schluchzen.

Ein Exil

In Karow, am Rande Berlins, wohnte seit Anfang der fünfziger Jahre in einer kleinen baufälligen Villa ein aus Paraguay gebürtiger Maler. Er hatte seine Heimat als Student verlassen müssen, da er sich an der Universität politisch betätigt hatte. Mehrere Jahre reiste er durch Westeuropa, ehe er in die östliche Hälfte Berlins kam und sich – der freundlichen Aufnahme wegen ebenso wie der vielen Landsleute und Freunde, die er antraf – entschloß, in dieser Stadt zu bleiben.

In Paraguay hatte er einige Semester Physik studiert, war aber in den Jahren des Exils nie dazu gekommen, sein Studium zu beenden. Vielmehr war er, gedrängt von den eigenen Genossen, seiner alten Neigung zum Malen nachgegangen. Er malte große Wandbilder, die den Kampf gegen das Regime in seiner Heimat und gegen die Diktaturen in Lateinamerika zu illustrieren versuchten und von verschiedenen linken Parteien und Gewerkschaften in Westeuropa finanziert worden waren. Für seine farbkräftigen Bilder war er bald bekannt und hatte stets mehr Aufträge, als anzunehmen er sich in der Lage sah. Mit den Jahren hatte er seine Fertigkeiten erweitert und ergänzt, er stellte Lithografien und Holzschnitte her, malte in Öl und modellierte mit Ton. Als er nach Berlin kam, eilte ihm der Ruf eines engagierten, kampferprobten Künstlers voraus.

Er arbeitete auch in dieser Stadt weiter für ihm nahestehende Parteien und Gruppierungen und für Genossen, die wie er ihre lateinamerikanische Heimat hatten verlassen müssen und in Europa im Exil lebten. Und obgleich er durch seine Arbeit viel reisen mußte, hatte er – in seiner Wahlheimat wie in den von ihm besuchten Ländern – kaum persönlichen Kontakt mit Kollegen. Er bemängelte öffentlich und häufig in einem gereizten Ton deren politische Haltung, die ihm nicht eindeutig und engagiert genug erschien. Die Kollegen dagegen kritisierten zunehmend seine künstlerische Produktion, sie mieden seine Ausstellungen und luden ihn zu öffentlichen Gesprächsrunden und Diskussionen selten ein.

Den Maler bekümmerte es wenig, daß er bei ihnen auf wenig Resonanz stieß. Die fehlende Anerkennung erklärte er sich mit den unterschiedlichen Ansichten. Doch mit den Jahren wurden die Aufträge spärlicher. In der langen Zeit des Exils wandelten sich die Formen des politischen Kampfes, so daß man auf seine bewährten, einander ähnelnden Bilder glaubte verzichten zu sollen. Auch kamen neue Exilanten in Europa an, unter ihnen junge Maler, die Aufsehen erregten und von den früheren Auftraggebern des Malers umworben wurden.

Der alte Maler wandte sich neuen Sujets zu. Er widmete seine Aufmerksamkeit nun Dingen, die er bislang vernachlässigt und als künstlerische Objekte sogar verachtet hatte. Er malte Stilleben, die winterliche Ostsee und die Umgebung der Vorstadt, in der er lebte. Er skizzierte Porträts seiner Nachbarn und ihrer Kinder. Er sammelte Pflanzen, Steine und merkwürdige Hölzer, die er daheim zeichnete oder radierte.

Doch diese Arbeiten wurden von den Kollegen noch weniger geschätzt als die früheren Bilder, und die neue Phase seines Malens galt selbst vielen seiner Freunde als fataler und bedauerlicher Irrweg eines alt gewordenen Mannes.

Auch er selbst war unzufrieden. Immer häufiger stapelte er die fertigen Arbeiten auf dem Dachboden, ohne sie irgend jemandem zu zeigen. Seine Verbitterung machte ihn ruhelos. Er malte schneller und mit heftigeren Bewegungen, als wollte er am Ende seines Lebens eine vergehende Zeit festhalten.

Einer jungen Frau, einer Malerin, die gleichfalls aus Paraguay nach Berlin gekommen war, erklärte er im September 1979, er sei ein stilles Opfer des Regimes seiner Heimat. Das Exil verwehre es ihm zu sterben und habe ihm dennoch nicht ermöglicht zu leben. Mich hat das Exil zum Maler gemacht, sagte er zu der jungen Kollegin, aber das Exil kann nur Blut und Tränen schenken, das war für mich zu wenig. Meine Zeit hat ein anderes Maß als die Zeit anderer Leute. Und meine Tage vergehen langsamer als deine.

Zwei Tage später, genau eine Woche vor seinem 70. Geburtstag, an dem er von seiner Partei und der Regierung seines Exillandes hoch geehrt werden sollte, hängte er sich auf dem Dachboden seines Hauses auf. Um ihn abschneiden und herabnehmen zu können, mußten die dort gestapelten Leinwände, das Ergebnis der Arbeit seiner letzten Jahre, herausgeräumt werden.

Eine Frage der Macht

Bei einer Konferenz deutschsprachiger Schriftsteller in Berlin traf ein junger Autor aus Wien am Abend nach der Eröffnung in der Halle des gemeinsam bewohnten Hotels einen Kollegen aus dem gastgebenden Land und lud ihn ein, mit ihm in der Hotelbar noch ein Glas Bier zu trinken. Ihr Gespräch wurde mehrfach durch drei Männern an einem benachbarten Tisch gestört, die den einheimischen Schriftsteller erkannt hatten und immer wieder ansprachen.

Der Autor war anfangs von dieser Aufmerksamkeit geschmeichelt, doch die drei Männer klärten ihn schnell und mit rüden Bemerkungen darüber auf, daß sie ihn zwar kannten, aber weder ihn noch seine Bücher schätzten.

Der Österreicher schlug seinem Kollegen vor, den Raum zu wechseln. Er kenne solche Belästigungen auch, sagte er, um den Kollegen zu besänftigen, und ziehe es deshalb vor, ihnen auszuweichen, da man anders keine Ruhe bekomme. Doch der andere weigerte sich, wegen ein paar betrunkener Schreihälse die Bar des Hotels zu verlassen.

Die drei Männer, die tatsächlich angetrunken waren, fuhren fort, den ihnen bekannten Schriftsteller zu beleidigen, indem sie sich weiterhin laut und für alle unüberhörbar über seine Bücher belustigten und seine politische Haltung als opportunistisch bezeichneten.

Der verärgerte Schriftsteller verlangte schließlich vom Barkeeper, die Polizei zu holen, und er erreichte, daß der verunsicherte Angestellte des Hotels zum Telefon griff, bei einem Polizeirevier anrief und um Hilfe bat.

Wenig später erschienen zwei Polizisten. Der Schriftsteller erklärte ihnen, was vorgefallen war, und forderte sie auf, die Personalien der am Nebentisch sitzenden Männer aufzunehmen und die drei aus dem Hotel zu weisen. Dieses Verlangen verwirrte die Polizisten, zumal die angetrunkenen Männer still geworden waren und schweigend und belustigt den Vorgang beobachteten und der Barkeeper aussagte, er habe nichts von dem angeblich Vorgefallenen bemerkt.

Der Schriftsteller erregte sich über die Unentschlossenheit der Polizeistreife. Er wies seine Personaldokumente vor, erklärte den Beamten, wer er sei, und forderte sie nochmals – und nun selbstbewußt und nachdrücklicher – auf, die Störenfriede aus dem Hotel zu schaffen.

Die Polizisten blieben unschlüssig. Sie ließen sich die Papiere der drei Männer zeigen und baten sie schließlich, mit ihnen hinauszukommen. Die Männer bezahlten und verließen mit den Polizisten die Bar. Der österreichische Autor sagte zu seinem Kollegen, daß er müde sei, und ging auf sein Zimmer.

Am nächsten Morgen trafen sich die beiden Schriftsteller im Frühstücksraum des Hotels. Der Deutsche saß bereits an einem Tisch, und sein Kollege aus Wien ging zu ihm, um ihn zu begrüßen. Dann setzte er sich und bestellte beim Serviermädchen den Kaffee. Schweigend nahmen sie ihr Frühstück ein. Der Deutsche sah fragend auf, als er bemerkte, daß ihn der Österreicher beobachtete.

Was gibts, fragte er freundlich.

Der Österreicher schüttelte leicht den Kopf und sagte leise und mit einem bedauernden Lächeln: So etwas macht man nicht.

Sein Kollege stellte das Bierglas auf den Tisch zurück und wischte sich den Mund ab. Dann beugte er sich vor und erwiderte: Hier haben wir die Macht. Und wir werden sie nicht aus den Händen geben.

Dann nahm er das Glas wieder auf und trank es aus.

Auf den Brücken friert es zuerst

Er saß am Rande des Kornfelds und schlug in gleichmäßigem Takt mit einer Ähre nach seiner Schuhspitze. Als er das Geräusch eines näher kommenden Autos hörte, warf er einen Blick auf die Armbanduhr, stand auf und stellte sich an die geteerte Straße. Er zündete sich eine Zigarette an und beobachtete das Auto, das mit gleichbleibender Geschwindigkeit an ihm vorbeifuhr. Dann ging er zum Straßengraben zurück. Mit der Hand wischte er über den weißen Kilometerstein, auf dem er gesessen hatte, und ließ sich darauf nieder. Er sah lange auf seine Uhr, riß einen Halm aus der Erde und schlug erneut mit wippenden Bewegungen gegen seinen Schuh. Als er wieder ein Auto hörte, ging er zur Straße, warf die Zigarette weg und trat sie mit dem Schuh aus. Das Auto kam heran und verlangsamte die Fahrt. Neben ihm hielt es an. Er öffnete die Wagentür, warf einen kurzen Blick auf die junge Frau am Steuer und stieg ein.

Sind Sie Herr Dr. Rieder? Dr. Walter Rieder?

Glauben Sie, hier gibt es noch mehr, die auf Sie warten? Sie kommen spät. Sie haben sich verspätet.

Ich habe mich verfahren, entschuldigen Sie. Sie hatten mir alles so gut beschrieben, aber ich habe mich trotzdem verfahren. Ich muß eine Abzweigung zu früh nach links abgebogen sein. Auf der Karte hab ichs nicht gefunden. Ich kann mich allerdings auch nur schlecht an Karten orientieren. Wenn ich die Gegend einmal gesehen habe, finde ichs beim nächsten Mal mit geschlossenen Augen. Aber wenn alles neu ist ...

Schon gut. Biegen Sie in den Weg hier ein. Fahren Sie langsamer, Sie sehen doch, wie schlecht der Weg ist.

Sie wohnen schön hier. Wirklich schön. Eine schöne Landschaft ...

Das war mal eine schöne Landschaft. Als ich hier ankam. Jetzt steht dort drüben eine riesige Trockenanlage, die Tag und Nacht einen Scheißqualm ausstößt. Und hinter dem Wäldchen, keine drei Kilometer von hier, entstand in den letzten Jahren eine Mülldeponie. Was soll an dieser Landschaft denn noch schön sein, verraten Sie mir das mal.

Das ist ärgerlich. Ich kann Sie verstehen ...

Passen Sie auf, hier kommen Sie nicht weiter. Sie müssen aufs Feld fahren, immer die Wagenspuren lang. Wege übers Land, kapieren Sie. Jaja, und dort wieder auf den Weg. Und nun fahren Sie auf den Hof rauf. Fahren Sie nach rechts. Stellen Sie das Auto neben den Holzschuppen, da ist Schatten.

Donnerwetter. Gehört das alles Ihnen?

Ja.

Das sieht wirklich toll aus. Ein toller Flecken Erde, den Sie hier haben. Ein richtiges Gutshaus.

Das wars auch einmal.

Und prima in Schuß. Nichts zerfallen.

War viel Arbeit, Mädchen.

Darf ichs mir mal ansehen, Herr Dr. Rieder? Ich würde gern ...

Nein. Darum sind Sie doch nicht gekommen, oder? Wir wollen keine Zeit verlieren. Kommen Sie mit.

Bei dem schönen Wetter könnten wir uns draußen hinsetzen.

Es ist zu warm, wir gehen rein. Was möchten Sie trinken?

Was können Sie mir denn anbieten?

Sagen Sie, was Sie wollen, und ich bringe es Ihnen.

Ein Wasser und einen Kaffee hätte ich gern.

Gut. Setzen Sie sich. Ich bin gleich zurück.

Er ging aus dem Zimmer. Die junge Frau setzte sich auf einen Sessel, stand jedoch sofort wieder auf und ging im Zimmer umher. Sie betrachtete die Möbel, dann die Bilder. Sie nahm einen Porzellanhund in die Hand und stellte ihn rasch und vorsichtig zurück, als sie Schritte hörte.

Das ist auch ganz toll. Diese Möbel, die sind doch uralt. Und diese Ölbilder, die sind sicher sehr wertvoll.

Alles kein Scheiß, da haben Sie recht. Aber kommen wir zur Sache. Ich habe Ihnen schon am Telefon gesagt, daß ich Ihnen nicht helfen kann. Dafür bin ich der falsche Mann. Ich hatte seit zwanzig Jahren mit ihm so gut wie keinen Kontakt. Und was davor war, das waren Kindereien. Es lohnt nicht, darüber zu sprechen. Also, was wollen Sie eigentlich von mir?

Sehr freundlich sind Sie aber nicht.

Hatten Sie das erwartet? Ich habe Sie nicht eingeladen. Und ich bin sehr beschäftigt. Ich bin ein vielbeschäftigter Mann, und Sie rufen mich an und bitten mich, Ihnen einen halben Tag lang irgendwelche Fragen zu beantworten. Wissen Sie, was ein halber Tag von mir kostet?

Ich bezahle Sie. Sagen Sie mir, was ein halber Tag bei Ihnen kostet, und ich bezahle Sie.

Von Ihnen will ich nichts. Alles, was ich Ihnen klarzumachen versuche, ist, daß ich für Sie der falsche Mann bin. Und daß ich wenig Zeit habe. Nehmen Sie Zucker und Sahne, bedienen Sie sich.

Danke.

Was sind Sie eigentlich? Seine Freundin oder seine Tochter? Seine Tochter können Sie nicht sein. Wie alt sind Sie? Vierundzwanzig, sagten Sie? Da hatte er noch keine Tochter, das müßte ich wissen. Also waren Sie seine Freundin.

Ich war seine Mitarbeiterin. Nach dem Studium hat er mich als Mitarbeiterin ins Institut geholt. Und übrigens, ich bin sechsundzwanzig, das hatte ich Ihnen auch am Telefon gesagt.

Ich hätte Sie auch als Mitarbeiterin genommen. Sie heißen Rita, sagten Sie? Hab ich das richtig in Erinnerung?

Ja, Rita Sebenburg. Weshalb wollten Sie eigentlich am Telefon wissen, wie alt ich bin? Wieso war es nötig ...

Vergessen Sies. Eine Marotte von mir. Wars die große Liebe, Rita?

Ich versteh Sie nicht.

Der teure Verblichene, war er der Traummann?

Ich war seine Mitarbeiterin, nichts weiter. Und ich denke, all das geht Sie überhaupt nichts an.

Sicher. Ich stell mir nur vor, unser allseits verehrter Stefan hat Sie als Mitarbeiterin. Die Akten mußten Sie für ihn doch nicht tragen, oder? Und hin und wieder gabs eine kleine Dienstreise, zwei, drei Tage in einer hübschen Kleinstadt. Oder eine Woche im Ausland. Und natürlich immer mit der Mitarbeiterin.

Sie haben ziemlich viel Fantasie, Herr Dr. Rieder.

Den Doktor lassen Sie mal weg. Ich lege keinen Wert

auf den Titel. Aber vergessen Sie nicht, ich kannte Stefan auch. Und länger als Sie.

Können wir endlich anfangen?

Was ist das? Ein Recorder? Packen Sie das Ding wieder ein. Ich habe Ihnen doch am Telefon gesagt, daß Sie hier nicht mit einem Mikro anrücken sollen.

Darüber haben wir gar nicht gesprochen.

Schön, dann sag ich es Ihnen jetzt. Stecken Sies weg, ich spreche nicht auf Band.

Weshalb nicht? Haben Sie irgendwas zu befürchten?

Ich habe nichts zu befürchten. Was soll diese dämliche Frage! Aber ich will mich nicht mit einem Mikrofon unterhalten, das ist Scheiße. Nehmen Sie dieses Zeug endlich vom Tisch. Verstehen Sie denn nicht, wenn hier so ein Ding steht, kann das kein Gespräch werden oder etwas in der Art. Dann wird alles so, so offiziell. Ich will das nicht.

Darf ich mitschreiben, so ein paar Notizen? Nur ein paar Stichpunkte, um mich erinnern zu können.

Bitte. Wenn Ihnen das hilft. Aber nun erzählen Sie erst mal. Wollen Sie noch Kaffee? Was soll das Ganze? Was haben Sie mit diesem Blödsinn vor? Doch nicht etwa ein Buch über unseren hochverehrten Toten? Ich hab ja gesehen, die Zeitungen konnten ihr Wasser nicht mehr halten bei diesem Verlust. Mein Gott, wenn ich Stefan nicht gekannt hätte, ich hätte geglaubt, irgendeine unwiederbringliche Leuchte der Wissenschaft sei da über den Jordan gegangen. Alles viel zu aufgeplustert, finden Sie nicht? Ein Tamtam und ein Gewese, dabei hat nur das kleine Arschloch Stefan Kölpin das seine endgültig geschlossen. Was für ein Verlust, du meine Scheiße. Und als ob das alles noch nicht reicht, rufen Sie hier an, schneien mir ins Haus, packen ein

Mikro auf den Tisch und versuchen, mich auszuquetschen. Wozu, Mädchen, wozu das Ganze, ich verstehs nicht. Wer war denn Kölpin, daß nun alle Welt das Maul aufreißt? Hab ich da irgendwas verpaßt, dann klären Sie mich auf. Hat er irgendwas geleistet, was mir entgangen ist? Irgend etwas? Aber erzählen Sie mir jetzt nichts von seinen Büchern, das ist nichts. Seine Bücher, das ist ein Feuerwerk von Scheiße. Vor hundert Jahren hätte er damit noch Eindruck machen können. Aber heute? Allenfalls eine Fleißarbeit. Zusammengeschrieben und abgeschrieben, und so, daß es die letzte Oma im Fichtelgebirge noch begreift. Er war immer ein Populist. Wenn sich Einstein mit ihm zusammengeschmissen hätte, Stefan hätte aus seinen Theorien einen für alle verständlichen Comic gemacht. Auch ne Leistung. Wars das, was Sie hören wollen? Warum schreiben Sie dann nicht mit?

Sie waren sein Freund?

Sein Freund? Wessen Freund, zum Teufel?

Stefans Freund. Sie waren Stefans Freund?

Wer sagt das? Hat Stefan das Ihnen erzählt? Das darf doch nicht wahr sein. Läuft der rum und erzählt solchen Scheiß. Dafür würd ich ihm nen Prozeß machen, wenn er nicht schon tot wär. Hat er Ihnen das wirklich erzählt? Hat er wirklich erzählt, wir seien Freunde? Mich übermannt die Rührung, das ist wirklich das letzte. Nein, da haben Sie sich in der Adresse geirrt, Fräulein. Packen Sie Ihre Klamotten ein und das Mikro und verschwinden Sie. Einen Freund von Stefan Kölpin finden Sie hier im ganzen Haus nicht. Falsche Adresse, tut mir leid.

Aber in den sechziger Jahren waren Sie mit ihm befreundet?

Kann mich nicht erinnern. Sechziger Jahre, wann soll das gewesen sein? Das muß ja mehr als fünfundzwanzig Jahre zurückliegen. Da waren Sie noch nicht einmal geboren, Mädchen. Wie soll ich mich erinnern, welche Typen mir vor fünfundzwanzig Jahren über den Weg liefen? Fragen Sie was anderes. Eine neue Frage, ein neues Glück. Wie gefällt Ihnen mein Hemd? Fragen Sie mich danach. Oder verraten Sie mir endlich, was der ganze Scheiß soll. Sie fahren zweihundert Kilometer, um mir irgendwelche Fragen zu stellen. Behaupten, ich sei Stefans Freund und so. Wozu machen Sie das? Was soll das eigentlich?

Professor Kölpin ist gestorben …

Ist bekannt. Stand in jeder Zeitung. Tiefe Trauer, unersetzlicher Verlust, geschenkt. Und weiter? Kommen Sie zur Sache.

Nach seinem Tod beschloß das Institut, Professor Kölpin einen Gedenkband zu widmen.

Na, fabelhaft. Als ob es nicht reicht, daß inzwischen schon die Analphabeten Bücher schreiben. Einen Gedenkband für Kölpin, wen interessiert denn das! Glauben Sie wirklich, daß Tausende von Lesern nach einem Kölpin-Gedenkband gieren? Werden Sie schon von Bestellungen überschüttet? Ein Gedenkband, das heißt, ein verlogener Artikel folgt dem nächsten. Über die Toten nichts Schlechtes, und dann wird die Wahrheit massakriert, nicht wahr. Mir dreht sich jetzt schon der Magen um. Der Gedanke an einen Gedenkband reicht mir völlig. Und was haben Sie damit zu tun? Von mir bekommen Sie jedenfalls nichts dafür, tut mir leid. Ich werde Ihnen keine freundlichen Lügen über den guten und begabten Stefan auftischen. Tut mir leid, aber da war nichts. Da war nie etwas. Heiße

Luft, Mädchen, der gute Stefan war ein Windei, ein Blender, als Mensch wie als Wissenschaftler, ein Sack voll heißer Luft. Versprechen Sie mir, das in Ihrem Gedenkband zu drucken, dann kann ich Ihnen noch ein paar Sachen verraten. Aber ich sag Ihnen gleich, da ist nix mit ehrendem Angedenken. Das können Sie vergessen.

Ich arbeite an dem biografischen Teil mit. Und ich wollte Sie über die Zeit befragen, in der Sie mit Stefan zusammen waren, befreundet oder nicht, also die sechziger Jahre …

Wer hatte denn diesen Einfall? Die Institutsleitung?

Nein. Das war meine Idee. Ich fand Ihren Namen immer wieder in Stefans Notizen und in seinen alten Papieren, und da dachte ich …

Sie hätten einen dicken fetten Brocken gefunden, mit dem Sie sich ein ebenso dickes Lob von Ihrem Chef einfangen? Wars so? Sie sind sehr ehrgeizig, Fräulein, wie? Passen Sie auf, das schlägt durch, Ehrgeiz macht unangenehme Falten. Ehrgeizige Frauen sehen scheußlich aus.

Nein, das war es ganz bestimmt nicht. Ich dachte …

Warten Sie. Einen Moment. Ja, hier ist Rieder. Ja, hier ist Walter Rieder. Wer ist da, ich hab nicht verstanden. Schön, verbinden Sie mich. Einen Moment, es dauert nur einen Moment. Ja, hier ist Rieder. Nein, das war mein letztes Wort. Ich weiß, daß ihr in Druck seid. Nun lassen Sie mich auch mal zu Wort kommen. Meine letzte Rechnung habt ihr nach einem Vierteljahr bezahlt. Ja, glauben Sie wirklich, ich setze mich hin und schreibe Mahnbriefe. Ihr zahlt bar, oder die Maschine geht mir nicht vom Hof. Natürlich könnt ihr mit zehntausend in der Tasche zu mir kommen, zu mir immer. Das sind halt meine Geschäftsbedingungen, ich laß nicht mit mir spielen. Natürlich, ich weiß, ich weiß. Ja, das weiß ich auch, aber das ist nicht mein Problem, ich bin selbst in Druck. Na fein, gratuliere, wenn Sie jemand anderen gefunden haben. Ich hab sowieso zu viele Kunden. Was reden Sie denn von Erpressung. Ich mach die Arbeit und will meinem Geld nicht hinterherlaufen, wo soll da Erpressung sein. Dann schicken Sie einen Kassierer mit, wenn Sie nicht mal Ihrem Fahrer trauen. Auch das ist nicht mein Problem. Fein, dann morgen um zehn. Und nicht vergessen, der Laster geht leer zurück, wenn er das Geld nicht bringt. Gleichfalls. Das sind so Zeitgenossen, Mädchen, wollen mich für dumm verkaufen. Sprechen Sie weiter. Sie also schreiben den biografischen Teil. Nein, warten Sie noch einen Augenblick. Nur ein kurzes Telefonat. Zehn Sekunden. Bernd? Hier ist Rieder, gib mir mal Bernd. Hör zu, hier ist Walter. Du hattest doch Interesse an meinem Elefanten. Jaja, genau, der mit dem Rotor und dem Trompetenhorn. Seid ihr noch interessiert? Mach ein Angebot, ich höre. Gib mir morgen mittag Bescheid, dann weiß ich, ob Treptow das Geld zusammenbekommt. Ja, morgen mittag ist er an Treptow verkauft, oder ihr könnt ihn haben. Mach mir ein Angebot. Ihr bekommt ihn preiswert. Keine Sorge, ich bin noch nie auf etwas sitzengeblieben. Gut, ich warte auf deinen Anruf. Bis morgen. Entschuldigung, wo waren wir stehengeblieben?

Der biografische Teil.

Richtig. Die Biografie und der Ehrgeiz, nicht wahr? Haben Sie noch Kaffee? Wie wärs mit einem Glas Wein? Oder einem Schnaps?

Ich bin mit dem Auto gekommen.

Kommen Sie, trinken Sie mir zuliebe ein Glas mit. Sie wollen doch nicht sofort wieder losfahren.

Beantworten Sie mir ein paar Fragen?

Einverstanden. Wir trinken ein Glas Wein, Sie stellen Ihre Fragen, und ich versuche, sie zu beantworten. Ist das ein Angebot?

Schön. Um ehrlich zu sein, ich hatte nicht mehr erwartet, daß ich Ihnen meine Fragen stellen kann. Ich hatte den Eindruck, naja, Herr Rieder, Sie waren bisher wenig kooperativ.

Dafür gabs auch noch keinen Grund. Und wenn ich Ihnen die Fragen beantworte, dann gewiß nicht wegen Kölpin, das ganz gewiß nicht. Oh, nein. Soll ichs Ihnen verraten? Sie gefallen mir, das ist alles. Sie gefallen mir wirklich, Rita. Ich darf Sie doch Rita nennen? Schön, also schießen Sie los.

Sie haben sich 1960 kennengelernt, im August.

Weiß ich nicht. Kann sein. Zum Wohl, Rita. Lassen Sie mich überlegen. Da war ich zwanzig, es könnte stimmen.

Kölpin kam damals an die Uni in Berlin. Sie wissen, er kam aus Jena nach Berlin, um die beiden letzten Jahre bei Professor Kretzschmar zu studieren.

Ich erinnere mich.

Im August gab es ein Studentenlager, dort müssen Sie sich begegnet sein.

Wenn Sie es sagen, Rita.

Und Sie waren sehr schnell unzertrennliche Freunde.

Das ist Scheiße. Wer sagt das. Hat Kölpin das Ihnen erzählt? Wir waren nicht unzertrennlich, wir haben uns zertrennt.

Aber damals waren Sie befreundet.

Überbewerten Sie das bloß nicht, Kleines. Wir waren damals zwei Kinder, zwei unreife, bornierte und wahrscheinlich verpickelte Knaben. Geil auf alles, was Röcke trägt, verstehen Sie. Das können Sie sich von Ihrem verehrten Professor nicht vorstellen, wie. Er war da super, ein Spitzenbock. Aber das ist das Alter. Mit zweiundzwanzig läuft da jeder wie ein aufgeklapptes Messer umher, eine Frage der Hormone. Wie ist die Jugend heute, Rita? Noch dämlicher vermutlich.

Sie haben doch zwei Jahre mit Kölpin zusammen studiert. Dann blieben Sie beide als Assistenten bei Kretzschmar.

Ja, wir waren die Auserwählten, die Vorzeigestudenten. Ich weiß nicht, was die Kommilitonen so von uns dachten, geliebt haben sie uns sicher nicht. Wir waren in jedem Fach die Nummer eins. Und ich immer noch etwas besser als Stefan. Entsprechend arrogant. Und dann noch die unübersehbaren Lieblinge des alten Kretzschmar. War eigentlich ganz lustig. Eine lustige Zeit.

Und Ihre Diplomarbeit, was hatten Sie für ein Thema, Herr Rieder?

Keine Ahnung.

Was, Sie wissen nicht mehr ...

Mädchen, Rita, das ist eine Ewigkeit her. Ein halbes Menschenleben. Was wirds gewesen sein, eine Fleißarbeit. Irgendein Vergleich von Ricardo und Smith mit den Theorien von Mancis und Toynbee. War damals Mode, machte jeder zweite. Wen interessierts! Warten Sie. Hallo. Hallo! Wer ist da? Ach so, Tag, Herr Meißner. Ja, ich bin selbst am Apparat. Sie haben meine Zeichnung bekommen? Freut mich, wenn sie Ihnen gefällt. Wunderbar, dann haben wir grünes Licht? Hören Sie zu, Herr Meißner, das ist schon die

Billigvariante. Es ist mir bekannt, daß das Fernsehen kein Geld hat. Sagen Sie Ihrem Chef, er muß nur ja oder nein sagen. Nein, wir müssen uns nicht treffen. Wozu, ich habe hier ohnehin keinerlei Spielraum. Und bis zum Zwanzigsten brauche ich den Auftrag, wenn ich den Termin halten soll. Ich verstehe Sie, natürlich. Ich bin nicht böse, wenn Sie nein sagen, durchaus nicht. Nein, auch dann will ich kein Ausfallhonorar, das ist nicht nötig. Dann geht das Ganze nach Zürich. Alles wunderbar, und für Sie entstehen keinerlei Kosten. Ist das nicht kulant von mir? Ja, sprechen Sie noch mal mit Ihrem Chef. Schön. Alles Gute, Herr Meißner. Ja, auf Wiedersehen. Dieses kleine Arschloch. Kein Geld, und das will er mir erzählen. Warten Sie, Rita, ich zieh das Telefon raus. Sitzen Sie eigentlich bequem? Kommen Sie, setzen Sie sich in diesen Sessel.

Nein, ich möchte keinen Wein mehr. Danke, das reicht mir wirklich, Herr Rieder. Schließlich muß ich noch nach Berlin zurückfahren. Erzählen Sie mir noch etwas von der Studienzeit?

Nein. Das ist zu lange her, Rita.

Ich meine, konnte man denn damals schon ahnen ...

Was denn, Mädchen?

Ich meine, wie soll ich sagen, etwas von dem späteren, konnte man etwas von Kölpins späteren Leistungen ahnen?

Das fragen Sie mich? Nein, nein. Da war nix von Genie, falls Sie das meinen. Er war fleißig, nicht unbegabt und ehrgeizig. Und im Unterschied zu mir hatte er da noch diesen Papa im Hintergrund. Der alte Kölpin, Retter in allen Lebenslagen. Ist wunderbar, so einen alten Herrn im Hintergrund zu haben. Stefan konnte anstellen, was er wollte, der Alte rief nur irgendwo einmal an, und alles war wieder gebügelt. Ich kann mich nicht beschweren, mir hat er auch einmal aus der Patsche geholfen. Noch während des Studiums, da war irgend etwas mit Westberlin, man hatte mich irgendwie kalt erwischt, ich weiß gar nicht mehr, was ich angestellt hatte, jedenfalls sollte ich von der Uni fliegen. Da kam Stefan zu mir, sagte, sein alter Herr möchte, daß ich ihm einen Brief schreibe. Was für einen Brief, fragte ich. Irgendeinen Brief über diesen Scheiß, sagte er, und gib ihn selbst bei seiner Poststelle ab. Also, ich schreib den Brief, Opfer unglücklicher Mißverständnisse, jugendliche Unbedachtsamkeit, tiefe Reue, dann ein Hochachtungsvoll drunter. Und was soll ich sagen, eine Woche später spricht mir die Fakultätsleitung eine Rüge aus. Eine Rüge, das wars, und von Exmatrikulation kein Wort mehr. Es ist fabelhaft, so einen alten Kölpin im Hintergrund zu haben. Also, wenn Sie etwas über damals und Stefan schreiben wollen, so schreiben Sie: charakteristisch für ihn war sein Vater, alles andere können Sie vergessen.

Aber seine ausgezeichneten Leistungen, ich meine, ich habe die Papiere gesehen, beste Noten, beste Beurteilungen ...

Sag ich doch. So ein alter Herr ist Gold wert. Die hatten geradezu Angst vor Stefan. Na, Sie glauben wohl nicht, daß so ein Assistent oder so ein kleiner Doktor sich ernsthaft mit Stefan Kölpin anlegte. Wär der Karriere nicht förderlich, wie. Nein, das lief alles bestens. Ich sag ja nicht, daß Stefan nicht begabt war oder faul, aber er hätte bei diesem Vater auch überhaupt nichts machen müssen. Kretzschmar war eine Ausnahme. Der alte Kretzschmar machte da nicht mit.

Da zählte Leistung, nichts anderes. Und ich glaube, an Stefan und mir hatte er genau darum einen Narren gefressen. Ich denke, er hatte etwas vor mit uns, verstehen Sie, er hatte sich für uns eine wissenschaftliche Laufbahn ausgedacht. Kretzschmar war so eine Type aus dem vorigen Jahrhundert. Immer Krawatte, Weste und Jackett, Sie verstehen, alles für die Wissenschaft und so. Er starb ja auch in seiner Bibliothek. In uns sah er etwas wie seine Nachfolger. Im letzten Studienjahr machte er ein Abendseminar. Das war nun nicht ausgesprochen für uns beide eingerichtet, und anfangs nahm das ganze Studienjahr teil. Aber Kretzschmar forcierte das Tempo, verlangte ungeheuer viel. Schon nach dem zweiten, dritten Abend bröckelte es auseinander, war ja auch nur fakultativ. Er vertrieb die anderen, indem er sie ständig dazu anhielt, nur für dieses Abendseminar zu arbeiten. Wir waren sehr bald zu dritt, und Kretzschmar verheimlichte überhaupt nicht, daß er genau das hatte erreichen wollen. Und dann legte er erst richtig los. Jeden Dienstag abend drei Stunden mit Kretzschmar, wir kamen aus seinem Seminar raus wie aus einer Sauna. Aber ich sage Ihnen, das war eigentlich das einzige Mal, wo ich auf der Uni wirklich etwas gelernt habe. War ne tolle Type. Nach dem Diplom setzte er durch, daß Stefan und ich Assistenten wurden. Kretzschmar, das war das Beste, was mir passieren konnte. Ne tolle Type, ist leider schon lange tot. Friede seiner Asche. Solche Burschen gibts heute nicht mehr. Ist alles den Bach runtergegangen, wenn Sie verstehen, was ich meine. Was da nach ihm so rumwerkelte, das waren alles nur noch Wassersuppen. Ihr Stefan Kölpin eingeschlossen. Der war ne Wassersuppe mit einem besonders großen Fettauge, schwamm immer oben. Er hatte ja den richtigen Papa. Ist was sehr Schönes, den richtigen Papa zu haben. Die beste Lebensversicherung auf Erden. Ohne den richtigen Papa sollte man erst gar nicht geboren werden. Was ist los? Was haben Sie? Darf man über Kölpin nicht mehr die Wahrheit sagen? Ist er heilig gesprochen worden oder wie?

Nein, aber alles, was Sie mir erzählen, ich meine, darum bin ich nicht hierhergekommen. Ich bin nicht zweihundert Kilometer gefahren, um mir anzuhören, daß Sie mit Ihrem Leben nicht zufrieden sind.

Wer sagt das?

Na, Sie. Was erzählen Sie mir denn die ganze Zeit! Kölpins Vater, wen interessiert das heute noch. Kölpins Vater hat nicht seine Bücher geschrieben. Es war nicht Kölpins Vater, der Mitglied von drei Akademien war, der auf allen internationalen Konferenzen gefragt war, dessen Arbeiten in acht Sprachen gedruckt wurden. Und es war ja wohl auch nicht Stefan Kölpin, der daran schuld ist, daß Sie kein Wissenschaftler geworden sind. Sie sind mit irgend etwas unzufrieden, na schön, aber das ist doch Ihr Problem, Herr Rieder. Sie können doch nicht Stefan Kölpin für etwas verantwortlich machen, für das Sie ganz allein …

Was reden Sie! Ich mache Ihren geliebten Kölpin für nichts verantwortlich. Ich bin mit meinem Leben zufrieden. Ich bin sehr zufrieden. Ich habe, was ich brauche. Ich habe sogar sehr viel mehr, als ich brauche. Was soll das? Sie kommen hierher, Sie kennen mich überhaupt nicht und erzählen, ich sei mit meinem Leben nicht zufrieden. Sind Sie eine Zeugin Jehovas, wollen Sie mich zu irgendeiner Sekte bekehren? Das ist doch Scheiße. Wie können Sie behaupten, ich sei mit meinem Leben nicht zufrieden? Die halbe Welt rennt mir die Bude ein, damit ich für sie arbeite. Ich habe tausend Bittbriefe auf meinem Schreibtisch, ich mach nur noch, was mir wirklich Spaß macht. Und da kommen Sie und reden so einen beschissenen Scheiß daher.

Das habe ich gar nicht gesagt. Ich meine, ich bin gekommen, um von Ihnen etwas über Stefan Kölpin zu hören. Sie wollten mir etwas über Stefan, über die Studienjahre ...

Ich wollte gar nichts. Ich habe Ihnen schon am Telefon gesagt, ich weiß nichts. Es ist zu lange her.

Aber an irgend etwas werden Sie sich vielleicht erinnern. Ein Erlebnis, das Sie beeindruckte, irgendeine Geschichte, die für Stefan typisch war.

Sein Vater. Für Stefan war sein Vater typisch. Schreiben Sie das, das charakterisiert ihn vollständig. Er war der Sohn seines Vaters und Punkt. Mehr ist da nicht zu sagen.

Das sagten Sie schon. Und sonst? Erinnern Sie sich nicht an irgendein Ereignis?

Frauen. Sein Vater und die Frauen, das ists. Er hatte einen ungeheuren Verbrauch. In seinem Zimmer war stets irgendeine Tussi. Sein Vater und die Frauen, das ist Stefan komplett.

Gut, das haben wir. Sein Vater und die Frauen, ich hab es mir notiert. Und vielleicht fällt Ihnen nun noch etwas anderes ein. Was waren damals seine Pläne? Was hatte er vor? Wie war seine Haltung, ich meine politisch und menschlich? Wer waren seine Freunde? Wer hat ihn beeindruckt? Was hat er damals gelesen? Worüber haben Sie mit ihm diskutiert?

Über seinen Vater und seine Frauen.

Ja, das sagten Sie schon. Das habe ich bereits. Gingen Sie mit ihm ins Theater, ins Kino? Zu irgendwelchen Sportveranstaltungen?

Weiß ich nicht.

Worüber haben Sie sich unterhalten? Was interessierte Sie damals? Politik, Literatur, Musik?

Wollen Sie das wirklich wissen?

Ja.

Es wird Ihnen nicht gefallen, Rita.

Sagen Sie es trotzdem.

Frauen. Damals interessierten uns ausschließlich Frauen. Mein Gott, wir waren zweiundzwanzig, dreiundzwanzig, für was interessiert man sich da schon. Ist das heute anders, Rita? Erzählen Sie mir, ich weiß es nicht. Beschäftigen sich die Jugendlichen heute tatsächlich mit Politik und Musik? Ist das Ihr Ernst?

Ich denke schon. Ich denke, meine Generation interessiert sich für ein bißchen mehr als nur fürs andere Geschlecht.

Und ist das besser, Rita? Sagen Sies mir. Aber vielleicht sind Sie auch eine große Ausnahme. Ein guter Mensch. Kann das sein? Sie wirken auf mich ein bißchen wie ein guter Mensch.

Gießen Sie mir nichts ein. Warum machen Sie das? Ich möchte nichts mehr.

Wie ist Ihre Generation? Erzählen Sie. Seid ihr wirklich so viel anders? Und seid ihr alle so ehrgeizig? Mein Gott, Mädchen, nehmen Sie alles lockerer, leichter. Das ist gut für die Schönheit.

Wir wollten über Stefan Kölpin sprechen.

Der ist tot, Mädchen. Lassen wir ihn in Frieden ruhen.

Woran erinnern Sie sich, wenn Sie an Stefan denken? Denken Sie nicht nach, sprechen Sie ganz spontan. Was fällt Ihnen ein? Sprechen Sie einfach drauflos.

Was soll das? Irgend so ein Psychoquatsch? Ich denke, Sie sind auch Ökonom?

Reden Sie einfach. Woran erinnern Sie sich?

An eine Nacht mit ihm.

Was passierte da?

Nichts von Belang. Ich hatte mich mit meiner Freundin gestritten und türenschlagend unsere Wohnung verlassen. Irgendwie hatte ich das Gefühl, ich müßte sie ein paar Tage hängenlassen, also nicht zurückkommen. Das war goldrichtig, aber ich hatte nicht genügend Geld, um mir ein Zimmer im Hotel zu nehmen. Wahrscheinlich hätte ich auch keins bekommen. Also ging ich zu Stefan. Kein Problem, sagte er, so lange du willst. Natürlich war wieder eine Tussi da, und ich sagte ihm, es täte mir leid, daß er wegen mir, also daß ich störe. Kein Problem, sagte er nur. Ich dachte, er schickt das Mädchen nach Hause. Aber da tat sich nichts. Also gehen wir gemeinsam schlafen, auf so einer Doppelcouch. Das ging soweit in Ordnung. Aber nach fünf Minuten fragt er mich, ob ich schon schlafe. Jaja, sage ich, und dann merk ich nur noch, daß sich neben mir etwas tut. Die beiden vögeln unverdrossen. Direkt neben mir, Luftlinie zehn Zentimeter. Ich pack meinen Kopf ins Kissen und versuch zu schlafen. Aber das geht nicht. Es ist unmöglich, glauben Sie mir. Also sag ich mir, bleib ruhig, irgendwann sind die fertig, und du kannst schlafen. Naja, irgendwann sind die auch fertig, aber nach fünf Minuten fängts wieder an. Ich fluche vor mich hin, aber die lassen sich nicht stören. Bei der dritten Nummer bin ich selbst heiß wie nur irgendwas. Ich fühle mich an wie ein Hormonbomber und muß mich irgendwie entladen. Aber plötzlich kreischt diese Tussi auf und schlägt mit Fäusten nach mir. Dabei hatte ich ihr nur an den Hintern gefaßt, was in meiner Situation verständlich war. Aber die machte so ein Theater, daß mich Stefan aus dem Bett warf. Ich sollte im Sessel schlafen. Einverstanden, sag ich, aber nur, wenn ihr endlich Ruhe gebt. Aber Scheiße. Ich hatte mich kaum auf seinem alten Sessel einigermaßen zurechtgelegt, da fangen sie wieder an. Also schalt ich seine Schreibtischlampe an und richte den Strahl genau aufs Bett. Aber die lassen sich nicht stören. Mach die Lampe aus, sagt Stefan nur und vögelt dabei weiter. Ich mach die Lampe aus, zieh mich an und verschwinde. An Schlaf ist nicht zu denken, ich bin scharf wie ein Messer. Dann fällt mir so eine grüne Witwe ein. Ich war ein paarmal bei ihr gewesen, sie wohnte nur drei Straßen weiter. Ich maschiere zu ihr hin, die Haustür steht offen, ich renne die drei Treppen hoch, und dann wars aus. Ich überlege, was ich sagen soll, wenn ihr Mann mir die Tür öffnet. Es ist schließlich mitten in der Nacht, zwei Uhr früh ungefähr. Mir fällt nichts ein, ich weiß nicht, was ich sagen soll, wenn er die Tür aufmacht. Folglich klingele ich nicht, sondern kneif den Schwanz ein und zieh wieder ab. Ich lauf durch die Stadt, geh zu Fuß bis zum Ostbahnhof, aber natürlich ist alles geschlossen. Schließlich geh ich in den Warteraum und pack mich zu den andern Pennern. Um sieben geh ich nach Haus, da ist meine Freundin schon zur Arbeit weg, und haue mich ins Bett. Blöd, nicht wahr? Natürlich hätte ich tausend Sachen sagen können, wenn mir ihr Alter die Tür öffnet. Aber ich war einfach so geil, daß mir nichts Vernünftiges einfiel. Das war schon alles. Hilft Ihnen das etwas?

Ich glaube nicht.

Ist nichts für ein Erinnerungsbüchlein, wie? Das dachte ich mir fast. Noch so eine Geschichte, Rita?

Solche Geschichten interessieren mich überhaupt nicht.

Ich verstehe. Sie wollen etwas mit Musik, Literatur, Politik und so? Höhere Werte, nicht wahr? Damit kann ich Ihnen nicht dienen.

Warum haben Sie eigentlich Ihren Beruf aufgegeben, Herr Rieder? Sie haben studiert und promoviert, und plötzlich schmeißen Sie alles hin, um sich hier zu verkriechen.

Das geht Sie nichts an.

Was tun Sie jetzt eigentlich?

Ich arbeite.

Ja, aber was?

Ich arbeite viel und hart. Und es macht mir Spaß.

Tut es Ihnen nicht manchmal leid …

Was soll mir leid tun, Mädchen. Kommen Sie, kommen Sie mit. Ich zeig Ihnen etwas. Sie wollten doch das Haus sehen. Ich zeigs Ihnen. Hier drüben sind drei Schlafzimmer. Kommen Sie hierlang. Das ist die Küche. Haben Sie in Ihrem Leben schon einmal eine solche Küche gesehen?

Ich glaube nicht.

Ganz gewiß nicht, Rita, darum wett ich mit Ihnen. Kommen Sie weiter. Was denken Sie, was nur diese Treppe gekostet hat? Raten Sie mal.

Ich weiß es nicht.

Kommen Sie. Ich zeig Ihnen nur noch etwas im Keller. Voriges Jahr war hier ein Schweizer Architekt. Der hat sich das ganze Haus angesehen und – warten Sie, ich mach Licht –, und dann hat er mal eine Rechnung gemacht. So aus der Hand nur. In Schweizer Franken.

Soll ich Ihnen sagen, was das Haus in Schweizer Franken wert ist?

Sicher eine ganze Menge.

Worauf du einen lassen kannst. Kommen Sie. Schauen Sie sich das an. Was sagen Sie nun?

Ja, das gefällt mir. Das ist eine Sauna, nicht?

Da drüben gehts rein. Das hier ist das Tauchbecken. Ein hübsches Schwimmbassin, wie?

Es ist schön. Ist wirklich toll. So groß und so. Das muß hier Spaß machen.

Sicher. Haben Sie sich alles genau angesehen, Rita? Dann wissen Sie, warum ich die Ökonomie an den Nagel gehängt habe. Ich wollte ein Haus haben mit einer Sauna wie Rockefeller. Und das habe ich bekommen. Und darum habe ich das Institut aufgegeben. War das falsch, Rita?

Ich weiß nicht. Das müssen Sie entscheiden.

Ich mach Ihnen einen Vorschlag, Rita. Ich schalte die Sauna an. Sie gehen rein, und hinterher frage ich Sie noch einmal, ob das ein Fehler war. Einverstanden?

Ich möchte eigentlich mich ...

Wieso, reizt Sie das hier nicht?

Ich weiß nicht.

Sehen Sie, ich habe schon eingeschaltet. In einer Stunde können Sie reingehen. Meine Frau wird mit Ihnen gehen. In eine Sauna soll man nie allein rein. Nun? Einverstanden?

Ach, Ihre Frau ist da? Ich habe sie nicht gesehen. Ich dachte, Sie sind allein.

Wollten Sie darum nicht in die Sauna, Rita? Hatten Sie Angst vor mir? Mein Gott, Mädchen, das ist alles lange her. Also, in einer Stunde sitzen Sie mit meiner Frau hier unten und schwitzen.

Schön. Ich nehme Ihr Angebot an. Die Sauna ist einfach zu schön.

Ich frag Sie dann noch einmal, ob ich dieses Haus nicht gegen eine Professur tauschen sollte. Ob das wirklich ein Fehler war. Gehen Sie vor, ich mach noch das Licht aus.

Haben Sie alles selbst gebaut?

Fast. War viel Arbeit, Mädchen.

Ein schönes Haus. Es gefällt mir. Aber für mich wär das zu einsam.

Für mich kanns nicht einsam genug sein. Setzen Sie sich. Ich gieß uns noch etwas ein. Sie können unbesorgt trinken. Sie schwitzen nachher alles raus.

Darf ich Sie etwas fragen?

Nur zu. Gehts immer noch um den guten Stefan?

Darum bin ich schließlich gekommen. Ich muß diesen biografischen Teil schreiben.

Fragen Sie, fragen Sie, Rita. Vielleicht fällt mir noch etwas ein. Etwas, was Ihrer Karriere hilft. Denn deswegen sind Sie doch gekommen, und nicht wegen dem toten Kölpin.

Als Stefan das Institut bekam, damals …

Das war 1969, Frühjahr 1969.

Genau, Herr Rieder.

Sagen Sie einfach Walter. Lassen Sie dieses dumme Herr Rieder weg.

Gut, also damals verließen Sie das Institut.

Richtig. Ich ging im Mai oder Juni, ein paar Wochen, nachdem Stefan das Institut übernommen hatte.

Warum? Waren Sie gekränkt, daß Stefan Kölpin das Institut bekam?

Nein, ich war nicht gekränkt. Ich war wütend. Ich war stinksauer. Kreztschmar hatte es mir versprochen.

Ich hätte es bekommen sollen. Ich war einfach besser als Stefan. Mein Diplom war besser, meine Dissertation war besser. Ich war immer eine Nummer besser als Kölpin. Das wußten alle. Deshalb hatte sich der alte Kretzschmar dafür eingesetzt, daß man mir das Institut gibt. Aber natürlich, Stefan hatte seinen Papa, und es lief dann eben wie immer. Stefans Papa, dem sollten Sie ein Extrakapitel in Ihrem Gedenkband widmen. Das hat er sich verdient. Hatte schließlich den entscheidenden Anteil an Stefans Karriere.

Sie irren sich, Walter. Mit Stefans Ernennung zum Institutsdirektor hatte sein Vater nichts zu tun.

Ach, kommen Sie, Mädchen, das glauben Sie doch selbst nicht. Wahrscheinlich wissen Sie nicht, wer damals der alte Kölpin war. Heute ist er tot und vergessen. So vergessen wie nur ein toter Hund vergessen sein kann. Aber das war damals anders. Damals war er eine große Nummer.

Stefan hatte sich zu der Zeit längst mit ihm überworfen. Sie sprachen kein Wort miteinander, hatten jeden Kontakt abgebrochen.

Ja und? Stefan stand sein Leben lang mit seinem Papa kontra. Das ist nichts Neues. Sie haben sich stets nur angebellt. Zwei-, dreimal habe ich es miterleben dürfen, kein erhebendes Schauspiel, Rita. Die waren wie Hund und Katz. Aber Stefan war halt seine Brut, da wirken Urinstinkte. Er hat ihm trotz allem die Teppiche ausgerollt. Nein, nein, sie haben sich verachtet und gehaßt, und dennoch hat der Alte für ihn gesorgt. Atavismen, Mädchen, die wirken immer.

Sie irren sich diesmal. Ich habe in den alten Papieren blättern können. Kölpins Vater hatte mit seiner Ernennung nichts zu tun.

Und wieso bekam er dann das Institut? Obwohl ich der anerkannt bessere Mann war? Obwohl der alte Kretzschmar für mich gestimmt hatte? Obwohl alle Leitungsgremien mich vorgeschlagen hatten?

Es gab da einen anonymen Brief ...

Ja, ich erinnere mich. Irgendein Schmierfink hatte da irgendwelchen Unsinn aufgeschrieben. Der anonyme Quatsch wurde dann an die große Glocke gehängt. Ich hatte vorgeschlagen, den Brief zu vernichten und alles zu vergessen. Anonyme Briefe gehören in den Papierkorb. Das war jedenfalls meine Meinung, und die habe ich auch klar gesagt. Aber irgendwelchen Typen kam dieser Drecksbrief geradezu gelegen. Die wollten ein riesiges Faß aufmachen, um irgend jemandem am Zeug zu flicken.

Der Brief belastete Stefan.

So genau erinnere ich mich nicht mehr. Aber ja, ich glaube, Sie haben recht. Es ging da um irgendwelche dunklen Geschäfte, in die Stefan verwickelt war.

Fluchthilfe.

Stimmt. Ich erinnere mich. Es wurde behauptet, er habe gleich nach dem Mauerbau Leute nach drüben geschleust. Oder so ähnlich.

War das die Wahrheit?

Was weiß ich.

Sie waren damals befreundet.

Kommen Sie, Rita, wir kannten uns, wir sahen uns ab und zu, aber wir haben uns nicht über jeden Scheiß ausgekotzt. Was weiß ich, was er da angestellt hatte.

Pro Person dreitausend Mark, so stehts in dem Brief. Haben Sie wirklich nie darüber gesprochen? Stefan mußte damals plötzlich viel Geld gehabt haben. Als Student. Das mußte Ihnen doch auffallen.

Vielleicht sparte ers. Ich kann mich jedenfalls nicht erinnern, daß er damals großzügiger als sonst war. Na, wie auch immer, ich hatte mich dafür eingesetzt, den anonymen Brief überhaupt nicht zu beachten. Ich konnte mich nicht durchsetzen, es gab ein riesiges Theater. Dann schien die Kuh vom Eis zu sein; und zwei Monate später war Kölpin Institutsdirektor. Und da wollen Sie mir einreden, sein Papa hätte nicht die Finger drin gehabt? Ich bitte Sie, Rita, dieser schmierige Brief hätte ihn den Hals kosten müssen, stattdessen bekommt er das Institut. Mein Institut, wohlgemerkt.

Hat Stefan Fluchthilfe geleistet? Für Geld?

Was weiß ich. Sie haben doch die Papiere gesehen. Sie müssens doch wissen. Was hat denn Stefan auf die Anschuldigungen gesagt?

In der Akte steht nichts darüber.

Natürlich nicht. Sonst hätte er nicht das Institut bekommen.

Also stimmt es?

Was wollen Sie? Er ist tot. Wen interessierts?

Mich interessierts. Und da er tot ist, können Sies mir erzählen.

Ach, wissen Sie, Rita, Sie sind zu jung, um das noch begreifen zu können. Stefan wohnte damals in der Bernauer Straße. Die Grenze läuft direkt auf dieser Straße lang. Dort mußte keine Mauer gebaut werden, die Häuser waren die Mauer. Und Stefan wohnte in einem dieser Häuser, Vordereingang nach Ostberlin, Hintereingang nach Westberlin. Der Hintereingang wurde schnell dichtgemacht, aber dann gabs noch Fenster in Richtung Westen. Und einen Keller. Und einen Kellergang. Und Kanalisation. Das konnte man nicht zumauern, jedenfalls nicht sofort. Wer dort wohnte, hatte noch einige Tage freien Zutritt in den Westen. Ich will Ihnen was verraten, ich war mit Stefan noch dreimal in Westberlin im Kino, nach dem Mauerbau wohlgemerkt. Wir haben uns sogar noch Ansichtskarten geschrieben, an die eigene Adresse, zum Spaß. Stefan konnte damals ziemlich unbehelligt in den Westen spazieren, eine ganze Zeit noch. Die einzige Schwierigkeit war, in sein Haus zu kommen, denn der Eingang wurde natürlich bewacht. Nur die Hausbewohner durften rein. Aber es gibt immer ein paar Möglichkeiten.

Also hat er Fluchthilfe geleistet?

Natürlich.

Sie auch?

Oh, nein.

Warum nicht?

Ich hatte keinen Papa. Schauen Sie, wenn man mich erwischt hätte, ich wäre nicht nur von der Uni geflogen, ich wäre in den Knast gekommen. Für Stefan war das anders. Das Schlimmste, was ihm drohte, war ein Gespräch mit seinem Vater. Das ist sicher auch nicht angenehm, aber es dauert nicht so lange wie drei Jahre Knast. Darum habe ich mich nicht beteiligt.

Und den Brief haben Sie geschrieben?

Wovon sprechen Sie?

Von dem anonymen Brief.

Sind Sie verrückt? Ich?

Stefan Kölpin war davon überzeugt.

Ich weiß. Aber ich wars nicht.

Kam es wegen dieses Briefs zum Bruch zwischen Ihnen?

Sagen wir, es war das I-Tüpfelchen. Der Tropfen, der das Faß zum Überlaufen brachte.

Und Sie haben diesen Brief wirklich nicht geschrieben?

170

Natürlich nicht. Warum sollte ich?

Es ging um die Leitung des Instituts.

Ja und?

Der Brief hätte Stefan den Hals kosten können. Dann wäre Ihr einziger aussichtsreicher Mitbewerber erledigt gewesen.

Sie vergessen seinen Papa. Ich wußte, daß ihn dieser Brief nicht kratzen kann. Er brauchte nur seinen Papa anzurufen, und die Sache war geregelt. Warum sollte ich also so einen dämlichen und hinterfotzigen Brief schreiben?

Aber Sie haben ihn geschrieben.

Das behauptet Stefan, ich weiß. Es ist Unsinn. Und ich will das Ganze nicht noch einmal diskutieren. Und schon gar nicht mit Ihnen. Entschuldigen Sie, Rita, aber das ist eine dumme Unterstellung. Eine Behauptung von Stefan, ohne jede Grundlage. Eine Lüge.

Aber wer wußte außer Ihnen davon? Wer wußte von der Fluchthilfe? So unbegründet war Stefans Verdacht nicht.

Was weiß ich, wem er alles davon erzählt hat. Sicher allen seinen Tussis. Für ihn wars nur ein Sport. Und vergessen Sie nicht die Leute, die er für Geld geschleust hat. Dreitausend Mark, das ist viel Geld. Vielleicht erschien einem der Preis nachträglich etwas hoch, und er wollte sich rächen. Oder einer von denen hat etwas über ihn in der Zeitung gelesen und sich an die alte Geschichte erinnert. Und dann den Brief geschrieben. Die menschliche Niedertracht ist ein weites Feld, Rita.

Nicht nur Stefan war davon überzeugt, daß Sie diesen Brief verfaßten.

Steht das in der Akte?

Ja.

Na schön, was beweist das? Daß er am Institut Freunde hatte, daß man wußte, wer sein Vater war. Das beweist es, und mehr nicht. Es ist Unsinn, Rita. Ich weiß, daß Stefan mich verdächtigt hat. Wir haben uns angebrüllt, das ganze Institut bekam es mit. Aber es ist nicht wahr. Er hatte sich in diese Idee verrannt. Und als Trostpflästerchen bekam er schließlich das Institut, nicht schlecht, wie. Wenn ich diesen Brief geschrieben hätte, müßte er sich eigentlich bei mir bedanken, oder?

Ich weiß nicht. Sie hatten jedenfalls einen Grund, den Brief zu schreiben.

Lassen Sie das. Kommen Sie, trinken wir aus und sehen wir nach, was die Sauna macht.

Sie haben Ihrer Frau noch gar nicht Bescheid gegeben.

Kommen Sie, ich bringe Sie runter, Rita. Meine Frau bringt Ihnen die Handtücher. Und verrennen Sie sich nicht auch noch in diese Idee. Anonyme Briefe, das ist nicht mein Stil. Das habe ich nicht nötig. Und das hatte ich auch nie nötig. Ich war damals die Nummer eins. Kretzschmars Paradepferdchen, das war ich. Gehen Sie dort drüben rein, das ist der Ruheraum, Sie können sich dort ausziehen. Ich laß noch etwas Wasser ins Becken. Wenns voll ist, stellts sich von allein ab, also keine Angst, Mädchen. Und jetzt viel Spaß, Rita. Ich sag meiner Frau Bescheid.

Er verließ den Raum, ging jedoch nicht die Holztreppe hinauf, sondern öffnete einen alten Eichenschrank, der am Ende des Kellergangs stand. Er überlegte einen Moment, dann nahm er Handtücher und Bademantel heraus und verschloß den Schrank. Er ging zur Tür, die zur Sauna führte, zurück und wartete einige Sekunden davor. Dann öffnete er die Tür.

172

Frau Rieder, sind Sies?

Nein, Rita, ich bin es noch einmal. Kann ich reinkommen?

Nein. Bleiben Sie draußen.

Schon gut. Ich bringe Ihnen die Handtücher und den Bademantel. Kommen Sie an die Tür und nehmen Sies mir ab.

Wo ist Ihre Frau?

Das hatte ich völlig vergessen. Sie ist zu ihrer Mutter gefahren. Sie müssen allein in die Sauna. Oder ich leiste Ihnen Gesellschaft?

Darauf kann ich verzichten. Verschwinden Sie endlich, oder ich ziehe mich wieder an.

Nicht aufregen. Ich lege Ihnen die Handtücher vor die Tür. Viel Spaß, Rita.

Danke.

Er schloß geräuschvoll die Tür, stieg die Treppe hoch und legte seinen Bademantel auf die Anrichte. Dann setzte er sich in den Sessel. Er goß sein Glas voll und zündete sich eine Zigarette an. Er zog den Sessel, auf dem das Mädchen gesessen hatte, zu sich, griff nach ihrer Handtasche und öffnete sie. Er betrachtete ihren Inhalt, ohne etwas anzurühren. Dann stellte er die Tasche zurück, trank sein Glas aus und warf die Zigarette in den Aschenbecher. Er stand auf und ging aus dem Zimmer. Er öffnete die Haustür und sah hinaus, dann verschloß und verriegelte er sie. Im Wohnzimmer zog er sich aus, griff nach dem Bademantel und legte ihn sich über die Schultern. Dann ging er zur Sauna hinunter.

Was fällt Ihnen denn ein? Was soll denn das?

Rücken Sie mal ein Stück. Danke. Sie sind mir doch nicht böse, Rita?

Nicht sehr originell, die Geschichte mit Ihrer Frau.
Ich hatte es wirklich vergessen, Rita. Sie ist zu ihrer
Mutter gefahren. Ich hab nicht daran gedacht. Haben
Sie die Saunauhr eingestellt?
Ja.
Zu heiß?
Nein.
Wollen Sie sich auf die Bank legen?
Nein.
Nun seien Sie nicht sauer, Rita, es passiert Ihnen ja
nichts.
Da mache ich mir auch keine Sorgen. Bilden Sie sich
nur keine Schwachheiten ein. Mir gefällt es nur nicht,
auf eine so bescheuerte und drittklassige Art reinge-
legt zu werden.
Bleiben Sie auf dem Teppich, Mädchen. Wer hat Sie
reingelegt? Daß meine Frau aus dem Haus gegangen
war, hatte ich vergessen. Und ich kann Sie schließlich
nicht allein in die Sauna lassen. Das ist zu gefährlich.
Vielleicht vertragen Sies nicht und kippen um.
Rührend.
Soll ich gehen? Ich geh sofort raus, wenn Sie es wün-
schen.
Machen Sie doch, was Sie wollen.
Wie wärs mit einem Aufguß? Na, sagen Sie schon,
wollen Sie?
Gern.
Na, dann halten Sie sich fest.
Das ist gut.
Ja. Schön durchatmen.
Ich glaube ...
Nicht reden. Das strengt zu sehr an.
Ich muß raus.

Gut. Und springen Sie nicht ins Becken. Gehen Sie langsam rein.

Er sah ihr nach. Dann streckte er sich auf der Bank aus und lächelte zufrieden.

Als er hörte, daß die Tür zum Ruheraum geöffnet wurde, stand er auf und verließ die Sauna. Er duschte sich und sprang dann ins Tauchbecken. Er schwamm zwei Züge, um den anderen Rand des Beckens zu erreichen, ließ sich auf den Grund gleiten, stieß sich dort kräftig ab, so daß er bis zum Bauch aus dem Wasser kam. Schnaufend verließ er das Becken, wikkelte sich in ein Handtuch und klopfte sich ab. Dann nahm er den Bademantel und ging dem Mädchen hinterher. Das Wasser des Tauchbeckens klatschte ungleichmäßig gegen die Kacheln. Langsam beruhigte es sich und schwappte nur noch mit einem leisen, schmatzenden Geräusch von einem Beckenrand zum anderen.

Eine Stunde später drehte Rieder die Heizung ab und schaltete die Lampen aus. Er stellte den Ventilator an und ging nach oben.

Das Mädchen saß, in einen Bademantel gewickelt, im Sessel und rauchte.

Einen Kaffee?

Ja. Und einen Saft.

Er ging in die Küche. Sie betrachtete vom Sessel aus das Zimmer. Dann drückte sie die Zigarette aus, stand auf, nahm sich einen Bildband aus einem der Bücherschränke, setzte sich wieder in den Sessel und blätterte in dem Buch. Der Mann kam mit einem Tablett aus der Küche, stellte es schweigend auf den Tisch und goß Kaffee in die Tassen. Er gab ihr eine Tasse und ein Glas mit Orangensaft. Dann setzte er sich, zog die

Füße unter den Bademantel und sah sie selbstzufrieden an.

Was machst du eigentlich?

Alles mögliche.

Und was heißt das genau?

Spielzeug. Ich erfinde und bastle Spielzeug.

Und das bringt so viel Geld?

Scheint so. Wenn du den richtigen Abnehmer hast, bringt alles Geld.

Und du hast den richtigen.

Sicher. Ich bin ja auch nicht schlecht. Ich bin Spitze.

Im Kinderspielzeug?

Nein, nein. Das ist nichts für Kinder. Ich baue effektvolle Spielereien, für Shows und so. Kein Kleinkram, alles ist groß gedacht und groß ausgeführt, verstehst du. Effekt eben, Zauber, Feuerwerk. Es muß fantastisch ausschauen, die Leute hinreißen. Wirkung ist alles. Also Fernsehen, Zirkus, Revuetheater, Tingeltangel und dergleichen. In- und Ausland. Man ruft bei mir an, sagt, was man braucht, und ich entwickle es. Oder ich bau selbst etwas und biete es an.

Davon kann man so gut leben?

Ist ein großer Markt. Und prosperiert laufend. Zigarette?

Nein danke.

Zufrieden?

Es geht. Was ist eigentlich mit deiner Frau?

Ich habe sie zu ihrer Mutter geschickt.

Wegen mir? Du wußtest doch gar nicht, ob ich dir gefallen werde? Und ob ich mit dir ins Bett will?

War mein Risiko. Aber ich wußte, du bist sechsundzwanzig, Rita. Also gute Chancen für mich.

Das heißt, es war dir ziemlich egal, wie?

Es war wunderbar mit dir.
Und dafür hast du die Sauna?
So ungefähr.
Und deine Frau muß oft zu ihrer Mutter fahren?
Viel zu selten.
Erzählst du mir jetzt etwas über Stefan Kölpin?
Warst du seine Freundin?
Nein.
Aber du hast mit ihm geschlafen?
Ich war seine Assistentin.
Ja oder nein?
Erzähl mir etwas von Stefan.
Ich weiß nichts. Einen Cognac?
Nein. Ich muß gleich fahren.
Bleib über Nacht. Meine Frau kommt erst übermorgen zurück.
Alles sorgfältig vorbereitet, wie.
Sicher. Ich bin Perfektionist, überall. Bleibst du da?
Nein. Gib mir meine Sachen.
Du wirst es bedauern.
Ich bedaure es jetzt schon.
Was denn, wars etwa nicht schön? So ein Haus hatte Kölpin nicht, oder? Dieses kleine Arschloch mit seinem großen Papa-Arschloch.
Bist du noch immer auf ihn sauer, weil er damals das Institut bekam?
Nein. Das ist der Lauf der Welt. Ein Kölpin bekommt immer alles.
Der anonyme Brief, Walter, der war von dir, nicht wahr?
Glaub, was du willst.
Es hat dir nur nichts genützt. Im Gegenteil, er hat Stefan das Institut verschafft.

177

Sein Papa hats ihm verschafft. Es war felsenfest, daß ich es bekomme, aber nein ...

Vergiß Kölpins Vater. Ich habe die Akte gesehen. Soll ich dir sagen, warum du es nicht bekommen hast? Soll ich dir den Namen sagen?

Was hast du gesehen?

Einen Brief von Kretzschmar. Er schlug Stefan als Institutsdirektor vor. Er lobte dich über den grünen Klee, aber er meinte, für eine hohe leitende Funktion fehlten dir noch ein paar wichtige Eigenschaften. Schokkiert?

Das ist doch Unsinn. Ich kannte Kretzschmar sehr gut. Er war wie ein Vater zu mir. Nie hätte der alte Kretzschmar einen solchen Brief geschrieben.

Ich habe ihn in der Hand gehabt.

Dann ist es eine Fälschung.

Das ist kaum möglich. Es gibt in der Akte ein Gesprächsprotokoll. Kretzschmar sollte seinen Meinungswandel ausführlicher begründen. Danach wurde Einmütigkeit bei der Entscheidung für Stefan protokolliert. Keine Gegenstimme.

Kretzschmar hätte es mir gesagt. Nein, das glaube ich nicht.

Wie du willst. Aber ich habe die Papiere gesehen.

Ich meine, Kretzschmar war alt, aber er war doch nicht senil. Das kann doch nicht sein, daß er ... Dann hätte er mich belogen.

Ich muß jetzt gehen.

Ich kanns einfach nicht glauben. Kretzschmar, den ich geradezu verehrte. Ich ging bei ihm zu Hause ein und aus. So ein heimtückischer, seniler, alter Knochen. Ich verstehs nicht. Warum nur? Wars der anonyme Brief?

Vielleicht. Kretzschmar erwähnt ihn nicht.

Dieses alte Dreckschwein. Das kann einfach nicht sein, Rita.

Leb wohl. Ich fahre.

Ich bringe dich zum Auto. Ich kanns einfach nicht fassen. Wieso hat er es mir nicht gesagt!

Wenn er wie ein Vater zu dir war, ists ihm vielleicht schwergefallen.

Schwergefallen! Aber diesen Brief zu schreiben, das ist ihm nicht schwergefallen, wie. Dem hat man doch ins Gehirn geschissen.

Gib mir meine Tasche.

Warte. Du hast mich angelogen, nicht wahr, Rita? Sag, daß du gelogen hast. Du wolltest mich kränken? Du wolltest mich an einer empfindlichen Stelle treffen, um dich zu rächen? Weil ich dich mit der Sauna reinlegte, stimmts? Und reingelegt zu werden, das verträgst du nicht, weil du so ehrgeizig bist, nicht wahr?

Nein, tut mir leid.

Machen wir ein Geschäft, Rita. Ehrlichkeit gegen Ehrlichkeit. Ich sag dir, daß ich den anonymen Brief schrieb, und du sagst, daß du Kretzschmars Schreiben eben erfunden hast.

Ich kann dir nicht helfen, Walter. Seinen Brief habe ich wirklich in der Hand gehabt. Leb wohl. Und noch weiterhin viel Spaß in deiner Sauna.

Warte doch, Rita! Welche wichtigen Eigenschaften sollen mir denn fehlen? Dieses hinterhältige Schwein! Diese kleinen, verfickten, ehrgeizigen Weiber. Ach, scheiß drauf.

Er wickelte sich fest in den Bademantel und ging zum Haus zurück. Auf dem steinernen Podest vor seiner Haustür stehend, wandte er sich um und blickte den Lichtern des sich rasch entfernenden Autos hinterher. Mit der Faust schlug er auf die Steinbank und rieb sich dann mit schmerzverzerrtem Gesicht die Hand. Schweratmend blickte er zu der riesigen Kastanie, die sich als dunkler Schatten vor den hellen, abgeernteten Feldern abzeichnete. Er reckte mehrmals die Arme und atmete mit geöffnetem Mund. Dann ging er ins Haus.

Ein älterer Herr, federleicht

Der alte Mann wohnte in einer der Straßen des alten Presseviertels, zwei Häuser hinter der zerstörten Synagoge, einen Block von der neuen Moschee entfernt. Auf der anderen Straßenseite befanden sich ein paar unbewohnte und völlig ausgeplünderte Häuser, selbst die Dielenbretter hatte man herausgerissen. Ein Gebäude aus roten Backsteinen, eine frühere Druckerei, die nun von jungen Leuten besetzt gehalten wurde, stand zwischen den verwüsteten Häusern.

Die zuständigen Behörden der Stadt hatten zwar mehrfach versucht, die Besetzer zum Abzug zu bewegen, aber vor einem Polizeieinsatz war man bisher zurückgeschreckt, und so war das mit Sperrmüll verbarrikadierte Gebäude noch immer mit den grellen Fahnen und Losungen der jugendlichen Bewohner verziert.

Vor einem Jahr waren drei der Besetzer, eine Frau und zwei Männer, in der Wohnung des alten Mannes erschienen. Sie hatten an der Tür geklingelt und dann, da sich niemand meldete und kein Namensschild angebracht war, die Wohnung aufgebrochen. Im Wohnzimmer fanden sie den alten Mann, der in einem Sessel kauerte und sie mit schreckgeweiteten Augen anstarrte. Mit beiden Händen umklammerte er einen Billardstock. Er zitterte so stark, daß die Spitze des Queues wie ein überdrehtes Pendel durch die Luft schwirrte. Die Einbrecher waren gleichfalls erschrokken. Sie hatten nicht vermutet, daß in dem abrißreifen Haus noch ein Mensch wohnte. Sie entschuldigten sich und wollten sich zurückziehen. Einer von ihnen, ein langhaariger, bärtiger Mann, sah sich den Alten genauer an und trat dann ein paar Schritte vor.

Mein Gott, sagte er, ich habe noch nie einen so alten Mann gesehen. Du mußt ja hundert Jahre alt sein.

Welchen Tag haben wir heute? fragte der alte Mann.

Heute ist der 17. März, Opa.

Dann habe ich in zwei Tagen Geburtstag. Ich werde neunhundertneunundvierzig Jahre alt.

Die jungen Leute lachten.

Na, jedenfalls hast du deinen Humor nicht verloren, Opa. Entschuldige, wenn wir dich erschreckt haben. Aber wer konnte ahnen, daß du noch hier wohnst. Die Tür bringen wir wieder in Ordnung.

Der alte Mann hielt noch immer das Queue umklammert, aber sein zahnloser Mund war nun zu einem zaghaften Lächeln verzogen. Er kicherte erleichtert.

Die junge Frau drehte sich in der Tür nochmals um. Paß auf dich auf, sagte sie zu dem Alten, und wenn du mal Hilfe brauchst, dann gib uns Bescheid. Schließlich sind wir Nachbarn. Wir wohnen auf der anderen Straßenseite.

Seit diesem Tag kam die junge Frau jede Woche einmal zu dem alten Mann. Sie säuberte seine zwei Zimmer und die Küche, brachte seine Wäsche in die Reinigung und löste für ihn den Scheck des Sozialamtes ein.

Der alte Mann blieb auch nach einem Jahr ihr gegenüber mißtrauisch. Wenn die Frau durch seine Wohnung lief, trippelte er ihr hinterher und ließ sie nicht aus den Augen. Den Scheck hatte er ihr erst nach einem halben Jahr überlassen, und auch das nur, weil er bereits wochenlang im Bett lag. Wann immer er ihr einen Scheck gab, überhäufte er sie mit verschrobenen Belehrungen und Ermahnungen, und wenn sie mit dem Geld zurückkam, zählte er es vor ihren Augen zweimal nach. Anfangs ärgerte sich die junge Frau und beschimpfte den Alten, später lachte sie nur noch über ihn.

Ich weiß nicht, wieso ich das alles für dich mache, Noach. Du bist unverschämt und undankbar. Und störrisch wie ein Esel.

Der Alte verzog nur den Mund. Das ist es eben, das frage ich mich auch, Barbara, warum Sie das machen.

Erwartungsvoll und lauernd sah er sie an, aber sie sagte nur kopfschüttelnd: Geh aus dem Zimmer, ich muß hier staubsaugen.

Wenn sie fertig war, kochte sie Kaffee und setzte sich zu ihm und hörte seinen Geschichten zu. Er erzählte ihr von seiner Jugend und von seiner Frau, von seinen Kindern und Enkeln, die alle längst gestorben waren, von seinen Gesprächen und Streitigkeiten mit Gott und der schlimmen Zeit der großen Überschwemmung, von seinen verlorenen Ersparnissen, den verschiedenen Überfällen, die er in seiner Wohnung überstanden hatte, und von seiner unendlichen Müdigkeit. Die junge Frau war fasziniert von seinen Geschichten und ebenso von der verwirrenden Art seines Erzählens, wenn er umständlich und mit altertümlichen Wendungen von seltsamen Ereignissen berichtete und dabei längst vergessene Worte gebrauchte.

Du bist einfach unglaublich, Noach, an dir ist ein Dichter verlorengegangen.

Sie glauben mir nicht, Barbara?

Nicht ein Wort, Noach. Ich bin doch nicht verrückt. Ich weiß doch, wie es wirklich ablief. Da war nichts Geheimnisvolles dran. Was du die Sündenflut nennst, das kannst du in allen wissenschaftlichen Arbeiten, in jedem Geschichtsbuch nachschlagen. Das war eine völlig natürliche Folge einer Klimaverschiebung, das übliche Hochwasser des Tigris, das damals halt etwas höher ausfiel. Aber da stand nicht die ganze Erde unter Wasser, nur ein paar Dörfer im Tigrisdelta wurden weggeschwemmt. Also nichts mit Gottes Strafgericht und so weiter. Und außerdem ist das Ganze eine Ewigkeit her, Jahrhunderte vor dir und mir. Aber sprich weiter, ich höre dich gern reden.

Aber ich bin Noach. Der Noach, der sich retten konnte, der alle Tiere rettete. Das muß doch auch in Ihren wissenschaftlichen Büchern stehen.

Streite nicht, Noach. Man kann nicht einfach seinen Reisepaß und die Versicherungskarte verlieren und dann behaupten, man sei neunhundert Jahre alt.

Neunhundertneunundvierzig, korrigierte er sie eigensinnig. Er sagte es mit dünner Stimme und zog dann seine Lippen zu einem beleidigten Schmollmund zusammen.

Verschone mich, stöhnte die junge Frau, die Stadt ist voll mit Verrückten. Wenn du so weiter redest, stecken sie dich ins Heim.

Der alte Mann sah sie wütend an. Er ballte seine Hand zu einer kleinen, abgemagerten Faust und schüttelte sie drohend. Die Frau lachte ihn aus. Sie ging in die Küche, und er folgte ihr. Sie bemerkte, daß er sie anstarrte.

Sie haben heute gar nichts darunter, Barbara, sagte

er. Er wies mit einer Hand auf ihre Brust, seine Augen blitzten vergnügt.

Faß das an, und ich hau dir auf die Finger, daß sie dir abfallen, Noach.

Sie stellte das Geschirr auf ein Tuch zum Abtrocknen. Dann nahm sie einen Topf vom Herd und setzte ihn auf die Fensterbank ab.

Ich habe dir für morgen eine Suppe gekocht. Mach sie dir warm, bevor du sie ißt. Und warte damit bis morgen. Heute hast du schon mehr als genug gegessen.

Sie nickte ihm zu und ging aus der Wohnung. Die Tür ließ sie laut hinter sich zufallen.

Der alte Mann blieb noch für einen Moment an der Tür stehen und lauschte. Schließlich schlurfte er wieder in die Küche, stellte den Topf auf den Herd und wärmte die Suppe auf. Er setzte sich an den Tisch, schob den Teller zurück und legte die gefalteten Hände davor.

Mein Gott, flüsterte er, was hast du mir nicht alles angetan. Ich verfluche dich. Amen.

Hastig löffelte er die Suppe aus, dann kroch er ins Bett.

Am darauffolgenden Dienstag erschien Barbara mit einem Kuchenkarton bei ihm.

Hier, sagte sie und drückte ihm den Karton in die Hand.

Was soll ich damit. Ich habe das nicht bestellt. Sie können nicht mein Geld zum Fenster rauswerfen.

Beruhige dich, Noach. Das habe ich von meinem Geld bezahlt. Es ist für dich.

Was soll ich damit? fragte der Alte und hielt den mit einem bunten, gekräuselten Band verschlossenen Karton weit von sich.

Wenn du uns damals nicht belogen hast, erwiderte sie, dann ist heute dein Geburtstag. Heute ist der 19. März.

Der alte Mann dachte nach. Er nickte. Ja, sagte er, Sie haben recht. Ich werde heute ...

Nein, unterbrach ihn die Frau, fang nicht wieder damit an. Schone meine Nerven. Warum hast du noch immer kein Namensschild an der Tür?

Ich habe es nicht gefunden.

Soll ich dir ein Schild schreiben?

Wozu? Ich habe es abgemacht. Muß ein paar hundert Jahre her sein. Damals, als die Schulkinder und die Touristen kamen. Um mich zu sehen. Um mich anzustarren. Ich habe es abgeschraubt, um meine Ruhe zu haben. Es war ein sehr schönes Schild, Sem hatte es mir gemacht. Und jetzt finde ichs nicht wieder. Aber wozu auch. Mich besucht keiner, mir schickt keiner einen Brief. Allenfalls kommen mal ein paar Einbrecher hierher, solche wie ihr. Und die hält ein Namensschild auch nicht ab. Doch was ist bei mir schon zu holen.

Er riß das Schmuckband ab und öffnete den Karton. Dann bohrte er mit dem Zeigefinger in dem Kuchen und naschte Kremkringel, die den Schokoladenguß verzierten. Die Frau zog vorsichtig seine Hand von dem Kuchen weg, hielt sie hoch und schlug ihm auf die Finger.

Warte. Ich mache uns Kaffee.

Sie nahm den Karton und trug ihn in die Küche. Noach lief ihr hinterher und beobachtete sie mißtrauisch, während sie Wasser aufsetzte, den Kuchen auf einen Teller legte, das angeschlagene Geschirr aus dem Schrank nahm und den Kaffee aufgoß. Sie trug alles ins Wohnzimmer, immer verfolgt von dem hinter ihr her trippelnden Noach.

Alles Gute zum Geburtstag, sagte sie, als sie ihm ein Stück Kuchen auf den Teller legte. Der alte Mann nahm sich rasch das Kuchenstück und schob es gleichmäßig und ohne abzusetzen in den heftig arbeitenden Mund. Dann griff er nach einem weiteren Stück, und erst, als er auch ein drittes verzehrt hatte, sah er zu der jungen Frau auf und nickte zufrieden. Da sie keine Anstalten machte aufzustehen und die Wohnung zu reinigen, nahm er an, daß sie ihn diesmal mit ihrem Staubsaugen und Aufwischen verschonen werde und begann wieder von früher zu erzählen. Und sie hörte ihm zu, ohne ihn zu unterbrechen. Er erzählte von seinen Gesprächen mit Gott und daß er ihn dringend ersucht hätte, die Narrheit einer Sündenflut zu unterlassen, da die Menschen sowieso nicht und auf keine Art und Weise zu bessern wären und weder drakonische Erziehungsmaßnahmen noch tödliche Strafen, weder Krieg noch eine alles vernichtende Überschwemmung irgend etwas zum Guten ändern könnten.

Und ich hatte recht. Der alte Narr ist gescheitert. Nichts hat es geholfen, gar nichts. Und mich hat er in seine Schweinerei hineingezogen. Stehe selbst wie ein Narr da.

Halt den Mund, Noach. Wenn dich jemand hört, wirst du Ärger bekommen.

Exkommuniziert bin ich schon. Schon vor dreihundert Jahren haben sie mich rausgeworfen. Aber ich bleibe dabei, Gott ist ein Narr, und die Sündenflut war die sinnlose Tat eines Verrückten. Eines Wahnsinnigen, der die Welt nicht kennt. Und er weiß es inzwischen. Darum läßt er mich auch nicht sterben. Er kann mir nicht in die Augen sehen. Verständlich, nicht wahr, Barbara?

Möchtest du noch ein Stück Kuchen, Noach? Oder einen Kaffee?

Er betrachtete lange den Kuchen, dann schüttelte er bedauernd den Kopf.

Kann ich sonst noch etwas für dich tun? fragte sie und stand auf, um nach ihrem Mantel zu greifen und zu gehen.

Er sah sie kurz an und blickte dann in eine Zimmerecke.

Ich habe nur noch einen einzigen Wunsch, sagte er, gehen Sie mit mir ins Bett, Barbara. Gehen Sie mit mir ins Bett, und streicheln Sie mich ein wenig.

Streichel dich selber, erwiderte die junge Frau und schlug die Tür hinter sich zu.

Dann frage mich nicht, was ich mir wünsche, schrie Noach quäkend und erbost hinter ihr her, ich habe heute schließlich Geburtstag.

Eine Woche später fand die junge Frau den Mann leblos in seiner Wohnung vor. Sie erschrak nicht, als sie seine kalte Hand berührte. Wie sie es gewohnt war, säuberte sie die Zimmer und die Küche. Dann zog sie den alten Mann aus, wusch ihn vorsichtig und fast liebevoll und zog ihm wieder seine Kleider an. Sie setzte den spindeldürren Körper in einen Sessel und dachte nach. Sie überlegte, wen sie von seinem Tod unterrichten sollte und wer die Gebühren für ein Begräbnis bezahlen konnte.

Ich weiß nicht wieso, aber du wirst mir fehlen, Noach, du verrückter alter Idiot, sagte sie und sah zu dem leblosen Mann, der in dem Sessel lag, als ob er vor seinem Fernseher eingeschlafen wäre. Sie ging zu ihm und zupfte seinen Schal zurecht.

Ein paar Tage danach zog sie aus ihrem Zimmer in der gegenüberliegenden Druckerei aus, ohne sich von den anderen Bewohnern zu verabschieden. Ihren Koffer und die Pappkartons brachte sie in die Wohnung des Alten. Sie räumte gründlicher als sonst die Zimmer auf und warf die unbrauchbaren Habseligkeiten Noachs, die angesammelten Schachteln und den verstaubten, sich übereinander türmenden Trödel, auf die sich täglich vergrößernden Sperrmüllhaufen vor dem besetzten Gebäude. Das Namensschild des Alten, eine Holzschnitzarbeit in einer altertümlichen Schrift, fand sie in einer der vielen leeren Kuchendosen.

Im September erschien der Beauftragte des Sozialamts vor Noachs Tür. Er klingelte mehrmals und wartete lange. Er wollte bereits wieder gehen, als er Schritte hörte. Da die Tür nicht geöffnet wurde, erklärte der junge Mann, wer er sei, und bat darum, hineingelassen zu werden, denn er müsse Noach sehen und sprechen .

Hier kommt keiner rein, antwortete schließlich eine Stimme hinter der Tür.

Der Beamte bat erneut, daß man ihm die Tür öffne, da sonst der monatliche Scheck nicht mehr zugestellt werden könne.

Behalten Sie Ihren Scheck. Lieber verhungere ich, als daß ich mich noch mal überfallen lasse, ertönte die zittrige, piepsige Stimme hinter der Tür.

Sagen Sie mir wenigstens, ob Sie Herr Noach sind, rief der verunsicherte Beamte rasch, als er hörte, daß die Person sich mit schlurfenden Schritten entfernte.

Wer soll denn sonst hier wohnen!

Und wie alt sind Sie?

Welchen Tag haben wir heute?

Heute ist der 4. September.

Dann bin ich noch immer neunhundertfünfzig Jahre alt. Wenn Sie wirklich vom Sozialamt wären, müßten Sie das nicht fragen. Dort kennt man mich.

Der junge Beamte seufzte. Er schob ein Formular durch den Briefschlitz und bat, es zu unterschreiben. Es dauerte einige Minuten, ehe das Blatt wieder in der Tür auftauchte, mit einer krakeligen Unterschrift versehen. Der Mann warf einen Blick auf das Papier, dann sagte er: Warten Sie einen Moment.

Da die Flurbeleuchtung nicht funktionierte, ging er einige Treppenstufen hinunter und stellte sich an das verschmutzte Fenster des Absatzes. Er prüfte die Unterschrift und trug auf seiner Liste ein, daß er den Sozialhilfebedürftigen gesehen und gesprochen und ihm daraufhin den Scheck übergeben habe. In die Spalte für den Nachweis der Bedürftigkeit schrieb er: erübrigt sich durch das ungewisse, jedoch sehr hohe Alter des Bedürftigen Noach.

Er ging wieder zur Wohnungstür und schob einen Scheck durch den Briefschlitz. Die Stimme hinter der Tür murmelte etwas. Dann hörte der Beamte die sich entfernenden, schlurfenden Schritte. Er ging kopfschüttelnd die Treppe hinab. In der Haustür stieß er mit einer jungen Frau zusammen, die ihn verwundert musterte und dann die Treppen zu Noachs Wohnung hinaufstieg.

ISBN 3-351-02242-5

2. Auflage 1994
© Aufbau-Verlag GmbH, Berlin und Weimar 1994
Einbandgestaltung Torsten Lemme
Typographie Peter Birmele
Satz LVD GmbH, Berlin
Schrift 11/13,5 p Stempel Garamond
Druck und Binden
Mohndruck Graphische Betriebe GmbH, Gütersloh
Printed in Germany